THE HISTORY 한국사 인물 10
세종대왕

THE HISTORY 한국사 인물 10
세종대왕

펴낸날 2023년 12월 27일 1판 1쇄

펴낸이 강진균

글 박희목

그림 전복순

편집・디자인 편집부

마케팅 변상섭

제작 강현배

펴낸곳 삼성당

주소 서울시 강남구 선릉로 747 삼성당빌딩 9층

대표 전화 (02)3443-2681　**팩스** (02)3443-2683

출판등록 1968년 10월 1일 제2-187호

ISBN 978-89-14-02152-6 (73990)

본 저작물은 저작권법에 따라 보호를 받는 책이므로 무단 전재와 무단 복제를 금합니다.
※ 파본은 바꾸어 드립니다.

THE HISTORY 한국사 인물 10
세종대왕

차례

태종 이방원……………………………… 11

폐세자 양녕대군…………………………… 29

성군 세종대왕……………………………… 62

대마도 정벌………………………………… 88

훈민정음································· 109

세종대왕의 생애······················· 122

세종대왕································· 123

태종 이방원

　세종대왕의 아버지인 이방원은 고려 말엽의 장군이며, 조선을 세운 태조 이성계의 다섯째 아들이었다.
　방원은 젊어서부터 의지가 굳고 성미가 괄괄했다. 그는 아버지인 이성계를 따라다니며 공을 많이 세워 조선 건국의 일등 공신 중에서도 첫손에 꼽혔다.
　방원은 이성계를 마치 그림자처럼 따라다녔다. 방원은 생각이 깊고 결단력이 있는 인물이었다. 이성계도 근심이 있을 때는 다른 아들을 다 제쳐놓고 방원을 불러 상의했다.

그런데 그런 이성계와 방원의 사이를 갈라놓는 결정적인 사건이 생겼다. 방원은 조선 건국에 많은 공을 세웠으나 이성계는 개국공신의 명단에서 아들들을 모두 제외해서 불만이 쌓였고 또한 방원은 은근히 왕위를 넘보고 있었는데, 그것이 뜻대로 이루어질 기미가 보이지 않자, 반란을 일으켰던 것이다.

태조 이성계에게는 여덟 명의 아들이 있었다. 신의 왕후 한씨의 몸에서 난 왕자가 여섯이요, 그녀의 뒤를 이은 신덕 왕후 강씨에게서 난 왕자가 둘이었다. 이들 가운데에서 신의 왕후의 소생인 정안군 방원의 자질이 가장 출중했다.

그런데 신의 왕후는 태조 이성계가 왕위에 오르기도 전에 세상을 떠나고 말았다.

태조의 사랑은 자연히 신덕 왕후에게로 기울었고, 그녀가 낳은 방번과 방석도 몹시 귀여워하게 되었다.

그러나 이것이 왕위를 놓고 다투게 하는 불씨가 될 줄은 태조도 미처 생각지 못했다.

왕위에 오른 태조는 이윽고 왕세자를 책봉하게 되었다.

이때, 태조는 신의 왕후가 낳은 여섯 왕자를 모두 제쳐놓고 어수선한 나라의 안정을 도모하기 위해 신덕 왕후의 소생인 막내 방석을 왕세자로 정했다.

당연히 신의 왕후가 낳은 여섯 왕자의 기분은 좋을 턱이 없었다. 그중에서도 정안군 방원의 분노는 하늘을 찌를 듯했다. 나이와 서열로 따져도 온당한 처사가 못 되었을 뿐 아니라, 사람의 됨됨이나 나라를 위해 세운 그동안의 공적을 놓고 보더라도 터무니없는 결정으로 여겨졌다.

게다가 더욱 눈에 거슬리는 것은 조선을 설계한 정도전, 남은, 심효생 일파는 타락한 왕권이 들어섰을 때 나라가 위태로워지는 일을 방지하기 위해 신권을 중심에 놓는 정치 질서를 구상하였다. 따라서 태조 이성계에게 몇 차례 간곡

군

왕위의 안정 및 왕권 확립을 위해 왕의 서자와 종친, 그리고 공신들에게 내리던 작위. 왕위에 있다가 쫓겨나도 군이 되었다. 조선 초에는 고려의 제도를 그대로 따라 공 후 백의 작호를 썼으나, 태종 1년 때부터 이것을 폐지하고 공을 부원 대군으로, 후 백 등의 공신을 부원군과 군에 봉했다.

양녕 대군이 쓴 현판이 있는 숭례문

〈용상〉
임금이 정무를 볼 때 앉던 평상이다. 창덕궁 인정전에 있는 용상.

한 상소문을 올린 것도 이들이었다.

"여섯 왕자들은 모두 변방으로 내보내셔야 옳은 줄 아뢰오. 여러 왕자들이 지금처럼 한곳에 모여 있으면 행여 딴 궁리가 나올까 두렵사옵니다."

"지금 왕자들이 나라의 군대를 마음대로 주무르고 있으니, 전하께서는 이 점에 유의하셔야 합니다. 병권은 항상 중앙으로 집중시켜 놓아야 유사시 제힘을 발휘할 수 있으며 또한 반란을 방지할 수 있을 것입니다."

태조는 몇 번이나 이런 상소가 거듭되자 귀가 솔깃해졌

다. 왕자들의 세력을 꺾고 왕세자에게 보다 많은 권한을 쥐어 주어야겠다고 생각하게 된 것이다.

그리하여 태조는 급히 명을 내려 여러 왕자들이 나누어 갖고 있던 병권을 모조리 거두어들였다.

마침내 정안군 방원의 불만은 폭발하고 말았다.

그는 처남인 민무질, 민무구 형제와 때마침 정릉의 수릉군을 교체하기 위해 한양으로 올라온 이숙번 등을 시켜 주도면밀하게 정도전, 남은, 심효생 일파를 살해했다.

다음 날 아침, 방원은 측근이자 개국 공신인 조준과 김사형을 어전으로 들여보내 간밤에 일어난 일을 보고하도록 했다. 그리고 왕세자를 바꾸도록 임금의 마음을 움직여 보라고 일렀다.

곧 어전 회의가 열렸다.

태조는 이미 크게 벌어진 일을 수습하기 위해서는 새로 왕세자를 맞아들이는 수밖에 없다고 생각했다.

그는 중신들과 상의 끝에 방석 대신 둘째인 방과를 왕세자로 삼았다.

맏아들 방우는 아버지가 새 나라를 세운 것이 고려의 신하로서 도리에 맞지 않는 일이라고 생각했다. 그래서 숨어 살며 나타나지 않았으므로 할 수 없이 둘째 아들을 왕세자로 책봉한 것이다.

그러나 그 정도로 사태가 수습되지는 않았다. 정안군 방원은 자신이 통솔하는 군사들을 시켜 세자 자리에서 물러난 방석과 신덕 왕후 소생의 또 다른 왕자 방번, 그리고 경순 공주의 남편인 이제 등을 모조리 죽였다.

이것은 태조 7년인 1398년 8월의 일로, 후세 사람들이 '제1차 왕자의 난' 또는 '무인정사'라고 일컫는 사건이었다.

자식의 무례함에 마음을 다친 태조는 단 하루도 궁궐에 머물고 싶은 마음이 없었다. 동생을 둘씩이나 죽인 방원을 가까이하고 싶지 않았던 것이다.

그는 왕세자 방과에게 서둘러 왕위를 물려주고 고향인 함흥으로 내려가 조용히 여생을 보내기로 마음먹었다.

이 무렵, 방원의 눈에는 형 방과 역시 왕이 될 재목은 아닌 것처럼 보였다. 겉으로 드러내지는 않았지만, 그의 눈길은 자꾸 용상으로 향하고 있었던 것이다.

'둘째 형도 크게 다르지는 않아. 이 나라 조선을 세운 데는 나의 공이 가장 컸단 말이야……'

그런데 방원과 똑같은 불만을 품고 있는 왕자가 또 있었다. 그는 방원의 바로 윗형인 태조의 넷째 아들 방간이었다.

"왕자님께서는 방원 왕자님 못지않은 지혜와 용기를 지니셨습니다요."

"굳이 순서를 따른다면 할 수 없지만, 어차피 장자가 임금의 자리를 이어받지 못할 바에는 왕자님이야말로 적임자이십니다."

신하들의 아첨에 넘어간 방간이 말했다.

"그렇다면 당연히 내가 왕좌를 차지해야지."

'흠, 이 일을 어떻게 한담?'

방원은 또다시 고민에 빠졌다. 그러던 어느 날, 형 방간이 자기를 죽이려고 한다는 소문이 들려왔다.

방원은 더 이상 참을 수가 없었다.

"하는 수 없지……. 비록 형이지만, 나를 죽이려고 한다면 내가 먼저 손을 쓸 수밖에!"

그 길로 방원은 군사를 모아 방간의 집을 습격했다.

방간은 모든 계획이 탄로 난 것을 알고 몸을 피하려 했으나 결국 붙잡히는 신세가 되었다. 방원은 정종(방과)에게 진언하여 방간을 귀양 보낸 다음 끝내 죽여 버렸다.

이에 겁이 난 사람은 정종이었다. 그는 아버지 태조가 나라를 세우면서 정착한 한양을 버리고 개성으로 도읍을 옮겼다.

"음, 낯선 한양보다는 오래 살아 정이 든 개성이 내 마음을 훨씬 따뜻하게 해 주는 것 같구나."

정종은 생각할수록 아우인 방원이 두려워졌다.

'음, 첫 번째 왕자의 난은 배다른 형제간이니 그런대로 이해할 수 있었지만, 한 어머니에게서 태어난 형제인 방간을 무자비하게 죽이다니…….'

방간이 방원에게 죽임을 당한 사건은 정종에게 크나큰 충격이었다.

이름뿐인 왕으로, 정안군의 눈치만 살피던 정종은 슬며

시 왕위에서 물러나려고 했다. 왕위에 집착하다가는 언제 죽게 될지 알 수 없다고 생각했던 것이다.

"짐은 몸이 약하여 정사를 제대로 보살필 수 없으니……."

1400년, 정안군 방원은 몇 차례 사양하는 척하다가 드디어 곤룡포*를 입고 면류관*을 머리에 얹었다.

조선의 제3대 임금이자 세종대왕의 아버지인 태종은 이렇게 왕위에 올랐다.

태종은 형과 아우를 세 명이나 죽이고 왕위에 올랐지만, 나라를 다스리는 데에는 누구보다도 뛰어난 능력을 발휘했다.

아버지인 태조를 따라다니며 보고 들은 폭넓은 견문에다

곤룡포와 면류관

곤룡포
임금이 입던 정복을 말하는데, 노란색 또는 붉은빛의 비단으로 지었다.

면류관
임금의 정복에 갖추어 쓰던 왕관의 일종으로, 국가에 큰일이 있거나 새로운 임금이 즉위할 때 썼다.

조선 시대에 대관식을 거행하는 모습

타고난 자질이 더해져서 건국 초기의 조선을 반석 위에 올려놓는 데 결정적으로 기여했던 것이다.

왕위에 오른 태종이 가장 먼저 추진한 것은 도읍을 옮기는 일이었다. 그는 이미 민심을 잃은 개성보다는 아버지 태조가 도읍으로 정한 한양으로 다시 옮겨 가 새롭게 시작하고 싶었다.

개성에서 한양으로 도읍을 옮긴 지 10여 년이 흐른 어느 날, 태종은 원경 왕후 민씨에게 적이 근심스러운 낯빛으로 물었다.

"중전이 보기에는 어떻소?"

"전하, 무슨 말씀이십니까?"

"충녕은 너무 공부에만 집착해서 흠인 반면 세자 양녕은 학문을 지나치게 등한시해서 탈이니……."

왕후의 표정도 금세 어두워졌다.

"저 역시 그것이 걱정입니다."

태종과 왕후는 마주할 때마다 이 같은 속내를 털어놓으며 한숨을 내쉬었다.

충녕의 행동은 그다지 우려할 만한 것이 못 되었지만, 세자의 일을 생각하면 걱정이 되어 잠을 이루지 못할 지경이었다.

충녕의 이름은 '도'이며 자는 '원정'으로, 아버지 방원이 왕위에 오르자, 충녕군으로 봉해졌다. 그리고 그는 나이 열여섯에 이르러 충녕 대군으로 작위가 오르면서 더욱 겸손하고 몸가짐을 조심하는 지혜로운 왕자였다.

한편, 양녕은 태종의 맏아들로서 총애를 받고 일찍감치 왕세자에 책봉되었다. 하지만 지나치게 책을 멀리하고 공부하는 것을 싫어하여, 스승인 계성군이 날마다 회초리를 들고 불호령을 내려도 막무가내였다.

"세자 저하! 제발 공부 좀 하셔야 합니다!"

"난 싫소. 공부는 따분하다니까!"

태종과 원경 왕후의 오랜 고민은 바로 그 때문이었다.

"으흠…… 똑같은 부모의 혈육을 이어받은 형제인데 어쩌면 저리도 다를꼬……."

"형과 아우의 성격이 그야말로 하늘과 땅 차이로군요."

한편, 양녕은 호탕하고 서글서글한 기질이요, 아우인 충녕은 꼼꼼하고 차분한 성격이었다.

"사내라면 나처럼 짧고 굵게 살아야지, 암 그렇고말고."

이따금 양녕과 충녕 사이에 말다툼이 생기는 것도 그러한 성격 차이로 말미암은 것이었다.

"책벌레 아우! 충녕, 내 말이 안 들리는가? 딴전 부리지 말고, 아우는 도대체 책 속에 무엇이 있다고 밤낮 책만 읽는 건가? 답답하지도 않아?"

"그럼, 형님은 뭐가 그리 재미있어서 날마다 사냥을 나가시는 겁니까? 술은 또 왜 그렇게 드시고······."

"이제 아우까지 잔소리인가? 난 훈계라면 머리가 다 지끈지끈 아프다네. 선생인지, 저승사자인지 분간이 안 가는 그 계성군이란 양반은 꼴도 보기 싫고······."

양녕과 충녕은 한결같이 이 모양이었다.

양녕으로서는 어려서부터 책벌레라고 불릴 만큼 글공부만 하는 동생이 못마땅했다.

사내라면 말을 달려 노루나 꿩을 사냥하고 술이 거나해

져 호탕하게 웃을 수 있는 것, 그처럼 거칠고 굵게 살아야 한다고 믿었기 때문이다.

그러나 태종은 양녕의 그런 점이 마땅치 않았다. 나라를 다스릴 임금이 되려면 모름지기 학문과 인격의 수양에 힘써야 함에도 어쩌자고 그렇게 방탕한지 걱정이었다.

역사 속으로

정도전

　고려 말에서 조선 초까지 활동했던 정치가이자 학자이다. 조선 개국 공신으로서 1392년 4월, 정몽주가 이방원에게 살해되고 반대 세력이 제거되자, 7월 조준·남은 등과 함께 이성계를 새로운 왕으로 추대하여 조선 왕조를 열었다.

　개국 공신 1등으로 여러 관직을 겸직, 정권과 병권을 장악했다. 후에 태조로 하여금 왕자와 공신들이 나누어 맡고 있던 군사 지휘권을 박탈하게 하고, 왕자 이방원을 전라도로, 이방번을 동북면으로 보내려 했으나, 8월 이방원 세력의 기습을 받아 죽임을 당했다.

　정도전의 개혁 사상은 고려 말 국가적인 시련과 사회적인 혼란을 수습하기 위한 대책으로서 양인을 근간으로 하는 국가의 건설과 자주 국가의 확립을 목표로 했다. 통치 체제로 지방 토호에 의한 자의적인 지배를 거부하고 중앙 정부에 의한 전국적 지배를 강화하는 중앙 집권 체제를 지향했으며, 그 중심에 왕을 놓았다. 또 빈민 구제를 위한 정책을 제시하는 한편, 전쟁이나 흉

년을 대비하기 위하여 최소한 3년을 쓸 수 있는 저축이 필요하다는 논지를 폈다.

각종 제도의 개혁과 정비를 통해 조선 왕조 500년의 기틀을 다져놓은 정치가로 평가받는다.

이방원

자는 유덕, 휘는 방원이다. 태조의 다섯째 아들로 어머니는 신의 왕후 한씨이며 비는 민제의 딸 원경 왕후이다. 1382년(우왕 8년) 문과에 급제하여 밀직 사대언이 되고, 후에 아버지 이성계를 도와 구세력을 제거하는 데 큰 역할을 했다.

1392년(공양왕 4년) 선죽교에서 정몽주를 제거하여 이성계를 중심으로 한 신진 세력의 기반을 굳혔으며, 같은 해 이성계가 조선의 태조로서 등극하자 정안군에 봉해졌다.

태조가 여덟째 아들 방석을 세자로 책봉하자 이에 불만을 품고 1398년(태조 7년) 중신 정도전과 남은 등을 살해하고, 이어 강씨 소생의 방석, 방번을 귀양 보내기로 하고 도중에 죽여 버렸

다. 이것을 제1차 왕자의 난이라 한다. 이때 방원은 세자로 추대 되었으나 둘째 형인 방과에게 양보했다.

1400년(정조 2년) 넷째 형인 방간이 박포와 공모하여 방원 무리를 제거하려 하자 이를 즉시 평정하고 세제(世弟)에 책봉되었다. 방간, 박포의 난을 제2차 왕자의 난이라 한다. 제2차 왕자의 난이 평정된 후 정종의 양위를 받아 조선 제3대 왕으로 즉위했다.

〈헌릉〉
조선 제3대 왕 태종의 능(좌측)과 원경왕후 민씨(우측)의 능이다.

폐세자 양녕대군

하루는 양녕이 사냥을 나가 비둘기며 꿩을 예상보다 훨씬 많이 잡았다. 한껏 마음이 부푼 양녕은 잡아 온 꿩으로 술안주를 마련하라 이르고는 슬그머니 어전으로 들어갔다.

일단 아버지인 태종의 동정을 살펴보고 나서야 안심하고 술을 마실 수 있기 때문이다.

조심스레 태종의 침전으로 다가간 양녕은 그 자리에 못 박힌 듯 우뚝 멈춰 서고 말았다.

불빛이 훤히 비치는 침전에서는 도란도란 낯익은 목소리

가 흘러나오고 있었다.

"아무리 생각해 봐도 충녕이 나을 것 같소."

"하지만 이미 정하신 왕세자를 바꿀 수도 없지 않사옵니까?"

"나도 그 때문에 지금까지 미루어 왔지만, 이젠 더 이상 참을 수가 없구려. 양녕은 오늘도 사냥을 나가 여태 돌아오지 않고 있으니……. 그토록 방탕하고 성격이 거친 세자에게 어찌 왕위를 물려줄 수 있겠소?"

"대신들의 생각은 어떠하옵니까?"

"대신들이야 반대를 하지만 나와 같은 염려를 하지 않겠소? 그러니 충녕을 새로운 왕세자로 내세우는 수밖에 없을 것 같소."

아무리 호탕하던 양녕이지만, 그 소리를 들으니 온몸이 후들후들 떨려 왔다. 그는 더 이상 버티고 서 있을 수가 없어 옆에 있는 기둥에 몸을 기댔다. 그때였다.

"거기 아무도 없느냐? 충녕을 불러오도록 해라!"

양녕은 궁녀들에게 들키지 않도록 서둘러 그 자리를 벗

어날 수밖에 없었다.

'생각 같아선 아바마마께서 충녕과 무슨 이야기를 나누고 있는지 엿듣고 싶지만…… 뻔한 이야기를 백 번 들어 보아야 울화만 치밀 뿐 무슨 뾰족한 방법이 있겠는가!'

동궁으로 돌아온 양녕은 허겁지겁 궁녀를 불렀다.

"게 아무도 없느냐? 빨리 술상을 가져오너라!"

"네, 알겠습니다."

양녕은 술이 오자마자 연거푸 술을 들이켰다.

'크윽! 아무리 마셔 대도 취하지를 않는구나. 젠장, 취하기는커녕 마시면 마실수록 오히려 정신이 더욱 맑아지니…….'

얼마나 시간이 지났을까? 방문이 스르르 열리며 뜻밖에도 충녕이 들어왔다.

"형님, 또 술을…….'

충녕은 어두운 표정으로 양녕을 바라보았다. 그러자 양녕도 힐끗 충녕을 흘겨보았다.

"아우가 상관할 일이 아니야!"

그런데 홧김에 버럭 소리를 질러 놓고 나니 문득 궁금한 생각이 들었다.

아버지 앞에 불려 갔으니 분명 무슨 이야기든 오갔을 것은 틀림없었다. 그런데 충녕이 어쩌자고 자기를 찾아왔는지 의아했던 것이다.

양녕은 충녕의 눈치를 살펴 가며 애꿎은 술잔만 기울였다.

"형님께 드릴 말씀이……."

충녕이 비로소 자리에 앉으며 입을 열었다.

"내게 무슨 할 말이 있는가? 자네 같은 샌님이 이 허랑방탕한 놈에게……."

양녕의 말 속에는 가시가 돋혀 있었다.

충녕이라고 그런 눈치를 모를 리 없었다. 그런데도 여전히 부드럽고 온화한 얼굴로 말했다.

"형님, 저도 한잔 주십시오."

"아니, 자네가 술을?"

양녕의 눈이 휘둥그레졌다. 그는 의아한 표정을 지으며 말없이 충녕에게 잔을 건넸다.

충녕은 단숨에 술잔을 비웠다.

"형님께서 이렇게 괴로워하고 계실 줄 알았습니다. 아바마마께서 항상 형님 때문에 걱정하시는 줄을 익히 알고 계시지 않사옵니까? 오늘도 몇 차례나 형님을 찾으시더군요. 그래서 제가 이 곳에 와 보았더니 형님이 안 계시기에 아바마마께 가셨나 싶어 침전에 가 보았사옵니다. 한데……."

"그럼 너도 아바마마와 어마마마가 하시는 말씀을 모두 들었단 말이냐?"

"네, 그뿐 아니라 형님의 거동까지도 모두……."

"음……."

"형님……."

충녕은 간절한 목소리로 양녕을 불렀다. 그의 눈에는 어느새 그렁그렁 눈물이 괴어 있었다.

"형님, 조금만 자중해 주셨으면 합니다. 아바마마께서 근심이 없으시도록 말입니다. 나라와 백성을 위해서도 물론 그렇지만, 입장이 매우 곤란한 이 아우를 위해서도 조금만 신중하게 생활해 주십시오."

"……."

"행여 형님이 저를 의심하실까 걱정이 되기도 하옵니다."

양녕은 한마디 대꾸도 없이 침통한 표정으로 맞은편 벽을 뚫어지게 응시하고 있었다.

충녕이 인사를 하고 돌아갈 때까지 그는 그 자세 그대로 눈썹 하나 까딱하지 않고 앉아 있었다.

그런대로 며칠이 아무 일 없이 지나갔다. 하지만 그 며칠 동안에 양녕은 실로 놀라운 결심을 다지고 있었다.

마음을 다잡은 양녕이 맨 처음 찾아간 곳은 바로 아랫동생 효령의 거처였다.

"효령 있나?"

"아니, 형님께서 어인 일로……."

"아우를 보고 싶어서 왔지. 피를 나눈 형제라는 게 뭔지, 며칠만 눈에서 멀어져도 이토록 보고 싶으니……."

그날, 양녕과 효령은 술을 벗 삼아 여러 가지 이야기를 나누며 밤을 지샜웠다.

그러는 동안에 양녕은 은근히 효령의 마음을 떠보았다.

결과는 자신의 짐작과 다르지 않았다.

효령은 왕위에 관심조차 없었다. 그는 언제나 불경을 공부하며 수도하는 자세로 생활하고 있었다. 만약 그에게 세자 책봉이라는 어명이 떨어진다 해도 눈 하나 깜짝 않고 돌아앉아 염불을 외울 것처럼 보였다.

양녕은 흡족한 마음으로 효령의 처소를 떠났다. 이미 그의 머릿속에는 확고한 생각 하나가 자리 잡고 있었다.

이튿날, 대궐에는 한바탕 소동이 일어났다. 양녕이 미쳐 버렸기 때문이었다.

"우헤헤, 예쁜아! 우리 술래잡기하자."

"꺄아악! 세자마마, 이러시면 아니 되옵니다."

"야, 너 까불면 죽는 줄 알아!"

대신들도 소문을 듣고 달려왔다.

"아이고, 세자마마께서 미쳤다는 소문이 사실이네!"

한편 이 소식을 듣고 달려온 사람 중에는 충녕도 있었다.

"이놈의 말이, 빨리 달리지 못해! 이럇! 이럇!"

황급히 대궐을 가로질러 달려오던 충녕은 양녕의 처소

앞에서 신하의 등에 올라탄 채 미친 사람처럼 행패를 부리고 있는 양녕을 발견했다.

"히히힝! 아이고 마마, 이러시면 아니 되옵니다!"

그러나 충녕은 한눈에 양녕의 속마음을 알아차렸다.

'형님은 미친 것이 아니야, 일부러 미친 척하는 것일 뿐이지……'

"형님! 제발 이러지 마십시오."

그 순간, 충녕을 돌아본 양녕은 쓸쓸하게 웃었다.

'저 웃음은 회한과 비애가 섞여 있는 웃음이군.'

주위에 아무도 없음을 확인한 양녕이 낮은 목소리로 충녕에게 말했다.

"충녕, 나의 참뜻을 알아 다오. 어차피 나는 인품과 덕망이 부족하여 임금의 자리에 오르지 못할 사람이야. 대신 아우가 이 나라 조선을 다스려 주게. 백성들을 위해 그동안 익힌 학문과 도량을 마음껏 펼쳐 달란 말일세."

"그게 무슨 말씀입니까? 아니 되옵니다. 이 나라는 형님께서 맡으셔야 합니다!"

"그만 돌아가거라, 충녕! 그리고 부디 내 말을 명심해 다오."

양녕은 급히 말을 끊고 앞을 살폈다. 몇 명의 궁녀들이 그가 있는 쪽으로 달려오고 있었다.

그러자 양녕은 태도가 돌변해서 고함을 내질렀다.

"어떤 놈이 감히 나를 붙잡으려고 하는가? 나의 앞길을 막지 말고 서둘러 궁녀들을 불러모으라! 내 그년들과 한바탕 질펀하게 놀아 봐야겠다!"

충녕은 곤혹스러웠다. 공연한 연극으로 미친 척하는 양녕과 앞으로 나랏일을 부탁하는 아버지 태종 사이에 끼여 이러지도 저러지도 못하는 곤경에 빠진 것이다.

충녕은 대궐 모퉁이로 사라지는 양녕을 물끄러미 바라보았다. 어느 틈엔가 그의 눈에서는 하염없는 눈물이 흘러내리고 있었다.

태종은 본래 결단성이 대단한 사람이었다. 깊이 생각한 뒤 일단 그것이 옳다는 결정이 내려지면 누가 뭐라고 해도 그 뜻을 이루고야 마는 성미였다.

그는 이미 양녕의 문제로 깊이 고민하고 있었다.

그러나 자기 스스로 왕자의 난을 두 차례나 일으킨 경험 때문에 왕세자를 바꾸는 문제만은 쉽게 결정지을 수가 없었다.

그런데 뜻밖에도 양녕이 미쳐 버린 것이었다. 어전에 불러다 놓고 살펴보아도 욕지거리를 일삼는 등 차마 눈 뜨고 볼 수 없을 지경이었다.

"음, 어쩔 수 없구나."

태종은 마침내 마음을 굳혔다.

이튿날, 태종은 모든 신하들이 모인 가운데 정식으로 세자 책봉 문제를 거론했다.

대부분의 신하들은 태종의 입장에 따랐지만, 오직 한 사람, 황희* 정승만은 완강히 반대하고 나섰다.

태종은 자기의 뜻이 지나친 것이 아님에도 불구하고 드러내 놓고 거부하는 황희가 미웠다.

그래서 즉시 황희를 전라도 남원으로 귀양 보내 버리고, 누구든지 세자 책봉 문제에 대해 두 번 다시 거론하지 못하도록 단단히 주의를 주었다.

그렇게 하여 충녕은 하루 아침에 양녕 대신 왕세자가 되었다. 그리고 뒤이어 실로 깜짝 놀랄 일이 벌어졌다.

왕세자를 충녕으로 바꾼 태종은 두 달 남짓한 후에 왕위를 내놓았다. 나이나 기력으로 보아 아직 나랏일을 도맡아 해도 충분할 시기에 충녕에게 왕위를 물려준 것이다.

충녕은 눈물로써 거절하다가 태종의 말에 따랐다.

그때 충녕의 나이 스물두 살, 인품과 학식에 있어서 그 어느 왕보다도 뛰어났던 세종대왕이 마침내 조선의 제4대 임금으로 즉위한 것이다.

세종대왕은 언제나 겸손하고 꼼꼼했다.

특히 자기에게 왕위를 물려주기 위해서 일부러 미치광이

황희

고려 말에서 조선 초의 문신. 호는 방촌. 18년 동안 영의정에 재임하면서 농사 개량, 예법 개정 등 훌륭한 업적을 많이 남겨 세종 대왕에게 가장 신임 받는 재상이었다. 또한 인품이 원만하고 청렴하여 모든 백성으로부터 존경을 받았으며, 시문에도 뛰어나 몇 수의 시조 작품이 전해지고 있다.

충녕의 세자 책봉을 완강히 반대했던 황희의 영정

짓을 하고 다닌 양녕의 일을 생각할 때면 더욱 겸손해지려고 애썼다. 양녕이 전날 술을 많이 마셔서 몸이 불편하기라도 하면 만사를 제쳐놓고 그의 집으로 행차하는 일이 잦았다.

그뿐만이 아니었다. 나라에 중대한 문제가 생기면 태종은 물론이고 양녕과 효령에게도 반드시 의견을 묻곤 했다.

"그 문제에 대해 저희가 무엇을 알겠습니까? 모두 상감께서 처리하실 일이지요. 저희의 우둔한 머리로는……."

세종대왕의 진심 어린 겸손함에 양녕과 효령도 짐짓 이렇게 대꾸하곤 했다.

"많지도 않은 우리 삼 형제, 더욱 우애 있게 지내도록 합시다. 형님들, 저는 앞으로 모든 일을 두 분과 상의해서 해 나갈 생각입니다. 그러니 형님들께서도 좋은 생각이 있으시면 언제든지 말씀해 주십시오."

양녕과 효령은 아우지만 생각이 깊은 세종대왕의 말에 절로 고개가 숙여졌다.

"황공하옵니다. 전하!"

하지만 이 무렵에도 양녕의 생활은 여전히 어수선했다.

왕의 자리를 기꺼이 아우에게 물려준 그였지만, 그 역시 사람이었기 때문에 가슴에 쌓이는 허허로움을 술이 아니고는 달랠 길이 없었다. 말을 달려 짐승을 쫓고, 술을 마시는 즐거움마저 없었더라면 견뎌 내기 힘들었을 것이다.

그런 눈치를 세종대왕 역시 모르지 않았다. 그렇기 때문에 항상 양녕을 염려하지 않을 수 없었다.

세종대왕은 왕위에 오르자마자 아버지 태종이 못다 이룬 많은 일들을 해 나갔다. 그리고 어려서부터 책을 가까이한 탓인지 나라를 잘 다스리자면 학문을 아끼고 장려해야 한다고 믿어 숨은 인재를 찾아내는 일에 정성을 쏟았다.

세종대왕은 '수문전', '집현전', '보문각' 등 이름만 남아

태종의 업적

태종은 병권을 국왕에게 집중시키는 한편, 정치 제도를 개편하여 왕의 권한을 더욱 강화했다. 또한 호패법 시행으로 전국의 인구 동태를 자세히 파악하여 조세와 군역 부과에 활용했고, 신문고 제도를 두어 백성들의 억울함을 들어주었다. 아울러 유교적 국가 체제를 확립했다.

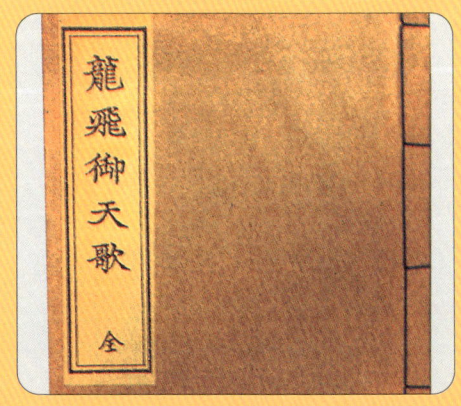

태종을 비롯한 6대 임금의 업적을 노래한 <용비어천가>

있는 고려 때의 유산을 정리하고 집현전 한 곳만을 남겨 학문에 정진하도록 했다.

그러자 세종대왕의 뜻을 깨달은 나라 안의 학자들이 구름처럼 집현전으로 모여들었다.

몇 차례의 관문을 거쳐 뽑힌 인재가 스무 명으로, 그들은 임금의 사랑을 독차지한 채 끊임없이 연구에 몰두했다. 새로운 기계를 개발하고 천문을 발견해 낸 사람도, '훈민정음'을 만드는 데 힘쓴 사람도 집현전에서 길러낸 인재들이었던 것이다.

박은, 변계량, 유관, 안지, 정인지, 최만리 등이 모두 이 무렵 집현전에서 학문을 닦은 사람들이었다. 이들을 일컬어 사람들은 '집현전 학사'라고 불렀다.

집현전 학사들은 정치에도 관여했다. 세종대왕에게 옳고 그름을 분명히 밝힘으로써 국가를 다스리는 데 고문 역할까지 맡았던 것이다.

"늦도록 공부하는 학사들에게는 식사를 모두 궁중에서 대접하라. 내 시중은 안 들어도 좋으니, 나라의 일꾼들은 너희가 손수 불편함이 없게 보살펴야 한다."

세종대왕은 심지어 내관들에게 이런 명령을 내리기까지 했다. 얼마나 집현전 학사들을 아끼고 사랑했는지 짐작하고도 남는 일이다.

어느 추운 겨울날이었다. 밤이 이슥한데도 집현전에는 여전히 불이 켜져 있었다.

그때까지 경연청에서 글을 읽고 있던 세종은 내관을 불러서 일렀다.

"집현전에 가서 누가 무엇을 하고 있는지 살펴보고 오너라."

잠시 후, 내관이 돌아와 아뢰었다.

"전하, 지금은 학사 신숙주*가 홀로 책을 읽고 있습니다."

"그래? 그러면 그가 언제까지 책을 읽는지 기다렸다가 나에게 알리도록 하라."

"분부대로 하겠습니다."

그러고는 세종대왕 역시 잠자리에 들 생각을 하지 않고 책을 읽었다.

그것은 신하가 그렇게 열심히 공부하는데 임금인 자신이 편히 잠들 수는 없다는 생각에서였다.

밤이 깊어 갈수록 추위는 심해졌다.

신숙주는 살을 에는 추위에 손끝이 감각을 잃어 가도, 마치 세종대왕과 겨루기라도 하듯이 등잔의 심지만 돋우고 있었다.

어느덧 기나긴 겨울밤도 시간이 흘러 새벽이 가까워졌다.

그제야 신숙주는 책을 덮고 잠자리에 들었다. 문밖에서 줄곧 신숙주의 행동을 지켜보던 내관이 부랴부랴 세종대왕에게 달려왔다.

"전하, 이제 막 신숙주 학사가 잠자리에 들었사옵니다."

"음, 기특한 일이로다! 나라의 학사들이 모두 그렇게 열

신숙주

조선 시대의 문신. 자는 범옹, 호는 보한재. 훈민정음 창제에 큰 공을 세웠고 뛰어난 학식과 문학적 재능을 지녀 <국조오례의>, <동국정운>, <국조보감>, <세조실록> 등을 저술했다. 세종 때는 왕의 총애를 많이 받은 학자였으나, 수양 대군의 왕위 찬탈에 가담하여 비난을 받고 있다.

대표적인 집현전 학사 신숙주의 영정

심히 책을 읽으니, 장래의 광명을 미리 보는 듯하구나."

세종대왕은 마냥 흐뭇하고 벅찬 기분이었다. 그래서 몸소 집현전으로 가 살며시 문을 열었다.

신숙주는 임금이 곁에 와 있는 줄도 모르고 바닥에 웅크린 채 자고 있었다.

세종대왕은 문득 안쓰러운 생각이 들었다. 그래서 요 밑에 손을 넣어 방이 따뜻한가를 살펴보고는 행여 감기라도 걸릴까봐 곤룡포를 벗어 신숙주에게 덮어 주었다.

아침이 되어 잠에서 깬 신숙주는 내관의 자세한 설명을 듣고 소스라치게 놀라 몸 둘 바를 몰라 했다. 그는 자리에서 벌떡 일어나더니 임금이 있는 곳을 향하여 두 번 절을 올렸다.

'이토록 소신을 아끼고 사랑해 주시는 상감마마의 은혜를 뼈에 새겨 나라를 위해 온 정성을 다하겠습니다.'

그는 마음속으로 이렇게 맹세하며 눈물을 흘렸다.

세종대왕은 천문학, 기상학, 역학, 산학 등 과학에도 깊은 관심을 가졌다.

그리하여 김담, 정흠지, 장영실 등 여러 과학자들을 가까이하고 그들이 재능을 발휘할 수 있도록 힘이 되어 주었다. 천문 관측기를 만들고 역법을 개정할 수 있었던 것은 모두 이러한 노력의 결과였다.

어느 날, 경연청에서 천체 운행의 이치를 토론하던 세종대왕이 정인지에게 말했다.

"우리나라는 중국과 밀접한 관계가 있기 때문에, 예로부터 무엇을 새로 만들어 쓰기보다는 중국 것을 그대로 들여다가 쓸 줄밖에 몰랐소. 여태껏 우리나라가 독자적으로 만들었던 것은 천체를 관측하는 기계뿐이오. 하나 그나마도 경주의 첨성대만 빼고 모두 없어져 섭섭하오. 그러니 경은 천체를 관측할 수 있는 새로운 기구를 만들어 보도록 하시오."

이와 같이 세종대왕은 새로운 생각이 떠오르면 곧바로 실천에 옮겨 연구를 거듭했다.

또한 경연청에 많은 학자들을 모아 놓고 자기 생각을 설명하는 때도 있었다.

"경들은 들으시오, 과인의 생각으로는……."

그래서 세종대왕과 경연청은 떼려야 뗄 수 없는 밀접한 관계를 이루게 되었던 것이다.

세종대왕의 명령을 받은 정인지와 정초는 경연청에서 장영실 등과 함께 옛 문헌을 참고했다.

"여길 읽어 보시오."

또 그것을 기초로 하여 천체 관측 기구를 제작하는 데 온갖 노력을 기울였다.

그리하여 1433년에는 마침내 여러 학자들이 심혈을 기울여 만든 작품이 나왔다.

몇 해 동안의 고생 끝에 '간의'와 '혼천의'라는 기구를 만들어 낸 것이다.

"모두 수고했소! 무엇이든 노력하면 되는 것이니, 조상님들의 뛰어난 지혜를 갈고 닦아 보다 나은 기계를 계속 만들어야 할 것이오. 참으로 수고 많았소."

세종대왕의 기쁨은 말로 표현할 수 없을 정도였다.

'간의'라는 것은 천체를 관측하는 기구이며, '혼천의'는

천체의 운행과 그 위치를 관측하는 것이었다. 세종대왕은 두 기구를 모두 '간의대'에 두기로 했다.

세종대왕은 이어 어린 세자에게 말했다.

"세자는 앞으로 간의대에 나가 정초를 도우며 혼천의와 간의, 그리고 천문에 관해 공부하도록 하라!"

이것은 무릇 한 나라의 임금이 되려면 해와 달과 별의 운행 원리도 잘 알아야 한다고 생각했기 때문이었다. 그러므로 세종대왕 자신도 가끔 간의대에 나가 정초와 함께 천문에 관한 여러 가지 문제를 의논했다.

그러나 늘 즐거운 일만 있는 것은 아니었다. 불행하게도 산학의 대가인 정초가 1434년(세종 16년)에 병으로 세상을 떠나고 만 것이다.

혼천의

세종대왕의 명을 받은 예문관제학 정인지와 대제학이던 정초 등이 조사하고 중추원사 이천, 장영실 등의 과학자들이 세종 15년(1433년)에 만들어 낸 혼천의는 일종의 천문 시계로 천체의 움직임을 살펴보는 도구이다.

천체의 운행과 위치를 관측하는 기구인 혼천의

하지만 세종대왕은 오래 절망하고 있지는 않았다. 그 후에도 연구는 꾸준히 계속되었다. 그 결과 물시계인 '누기'가 완성되어 실제 사용 단계에까지 이르렀다.

집현전 학사들은 더욱 분발했다. 물심양면으로 지원을 아끼지 않는 세종대왕의 배려가 직접적인 힘이 된 데다 물시계의 완성이 용기를 북돋워 주었던 것이다.

그리하여 얼마 후, 또다시 해시계가 완성되었다.

세종대왕은 얼굴 가득 미소를 머금고 말했다.

"이 해시계는 혜정교와 종묘 앞에 두어 모든 백성들이 시간을 알 수 있도록 하시오. 그리고 학자들은 이것의 문제점을 살펴서 보다 나은 해시계를 만들도록 힘쓰시오."

곧이어 가지고 다니기 좋게 자그마하고 사용이 편리한 간의도 만들어졌다.

이 모든 결과는 세종대왕이 평소에 책을 많이 읽고 탐구심이 강한 덕택에 이루어진 것이다.

정흠지와 이순지가 천체에 대한 끊임없는 탐구 끝에 날씨를 측정하는 '일성정시의'를 만들어 낸 것도 이 무렵이었다.

더구나 이 기구는 한꺼번에 네 개나 만들어져, 세종대왕은 자신이 언제든 볼 수 있도록 궁정 뜰에도 하나 놓아두도록 일렀다.

그리고 한 개는 서운관에 놓고, 나머지 두 개는 백성들을 위해 여러 사람들이 두루 볼 수 있는 곳에 설치하라고 명령했다.

그 후 세종 23년에는 마전교에 측수루를 세워 개울물의 양을 측정케 하고, 이듬해에는 비의 양을 알아보는 측우기를 만들어 서울과 각 지방 관청에 배치했다.

그에 따라 비가 올 때마다 관리가 직접 강우량을 재고, 비 내린 시각과 날이 갠 시각 등을 기록하여 좋은 자료로 삼을 수 있게 되었다.

그해 6월의 일이었다. 대낮에 갑자기 해가 달에 의해 가려지기 시작하더니 천지가 온통 캄캄해졌다. 일식이었다.

"일식의 모든 과정과 순서를 치밀하게 기록하도록 하라."

세종대왕은 서둘러 명령을 내렸다. 그것은 현대의 과학자 이상으로 치밀한 태도라 하지 않을 수 없었다.

신하들은 임금이 시키는 일에만 충실할 뿐이었다. 그러나 유독 장영실만은 명령이 있기도 전에 종종 놀라운 일을 해냈다.

 이 무렵, 백성들은 왕실의 업적에 대하여 장난기 섞인 말을 하곤 했다.

 "우리 전하께서 신령님이라면 장영실, 박연 등은 신령님을 돕는 귀신이다."

 이러한 '귀신'들이 만들어 낸 것 중에 '흠경각'이 있었다.

 세종대왕은 김돈, 김조 등을 시켜 경복궁 뜰에 조그만 집 한 채를 짓게 하고 흠경각이라 불렀다. 종이로 그 안을 깨끗이 도배하고, 그 속에 일곱 자가량 되는 작은 산을 하나 만들었다.

 그리고 그 산에는 '옥루 기륜'을 설치했다. 옥루 기륜이란 경복궁 후원에서 흘러내려오는 물을 이용하여 움직이게 만든 커다란 물시계였다.

 옥루 기륜은 옥돌에 좁은 구멍을 뚫어 물이 흘러 들어가도록 해 시간을 잴 수 있었다. 이것은 지금 시간으로 두 시간마다 그 흐름을 알려 주었는데, 물이 많거나 적거나 옥돌에 흘러내리는 분량이 일정하도록 매우 꼼꼼하게 제작되었다.

　이러한 기구들은 너무나 신기해 보여 마치 그 속에 누가 숨어서 작동시키는 것 같았다.

　세종대왕은 물시계로 측정할 수 있게 된 시각을 규칙적으로 대궐 안에 널리 알리게 하는 동시에 영의정, 우의정, 좌의정 등과 여섯 판서들에게도 전달하도록 했다.

　그러면 병조에서는 연락병을 시켜 정오와 저녁 및 새벽에 종로에 있는 종각지기에게 알려 주었고, 종각지기는 그때마다 종을 쳐서 일반 백성들이 알 수 있도록 했다.

　그 가운데 밤에 스물여덟 번 치는 종을 '인경'이라 했고, 인경이 끝나면 성문을 모두 닫아 사람들의 통행을 금했다. 그리고 동시에 남산 위에 있는 다섯 군데의 봉화대에서는 신호를 알리는 횃불을 올렸다.

　그러면 그것을 보고 각 지방의 봉화대에서도 불을 밝혀 온 백성들에게 시간을 알렸다.

"여보게, 저것 보게."

"봉화대에 불을 밝히는 것을 보니 인경인 모양일세."

"어서 돌아가세."

어느 날, 세종대왕은 그 무렵까지도 낡은 천문 기록을 쓰고 있는 점에 생각이 미쳤다.

'이것은 중국 당나라 때에 쓰던 것으로 오랜 세월이 흘렀기 때문에 많은 차이가 나는군. 으음…… 이것을 우리나라의 실정에 맞게 개선할 수는 없을까?'

세종대왕은 그 즉시 집현전으로 달려갔다.

마침 정흠지, 이순지, 김남 등이 학문에 몰두하고 있었다.

"경들은 오늘부터 일력을 만드는 데 힘써 주시오. 원나라의 수사력과 명나라의 대통력을 구해다가 역법을 조사하여 우리나라 실정에 맞도록 새로 만들어 보시오."

세종대왕은 천문학이나 역학이 정확하지 못한 것은 산학에 대한 지식이 없기 때문이라고 생각했다.

그래서 여러 학자들에게, 산학에 익숙한 이순지에게 산학을 배우라고 명령했다.

그러나 우리나라의 산학으로는 역법을 풀이할 재간이 없었다. 보다 정교한 수학적 지식이 필요했던 것이다.

세종대왕은 생각 끝에 사역원의 김한과 김자안을 명나라에 보내 수학을 배워 오도록 했다.

그러던 어느 날 아침, 세종대왕은 한 아름이 넘는 책을 가리키며 마냥 흐뭇해했다.

"반가운 소식을 전하겠소. 경상 감사가 송나라의 수학책 <양휘산법>을 1백 권이나 바쳤소. 이것을 관청에 골고루 나누어 주고, 여기 있는 사람들도 배워 참고하도록 하시오."

이 무렵의 과학은 대부분 고려 말기에 원나라를 통해 들어온 아라비아의 과학 문명으로부터 영향을 받은 것이었다.

아라비아의 과학 문명은 8세기부터 12세기에 걸쳐 세계에서 가장 뛰어났는데 시간상으로는 고대 그리스와 르네상스 이후의 근대 사회를, 지역적으로는 동양과 서양을 연결하는 다리 구실을 했다.

특히 수학, 천문학, 화학, 광학, 의학 등의 분야에서 그 창조적인 업적이 뛰어났다.

역사 속으로

양녕 대군

이름은 제, 자는 후백, 시호는 강정으로 태종의 장남이며 세종의 형이다. 어머니는 원경 왕후 민씨로 1404년(태종 4년)에 세자로 책봉되었으나, 유교적 교육과 엄격한 궁중 생활에 잘 적응하지 못해 마음 고생을 했다고 전해진다. 결국 1418년 왕세자 자리에서 폐위되어 양녕 대군으로 봉해졌고, 태종의 셋째 아들인 충녕 대군이 세자로 책봉되었다. 그는 이때부터 전국을 누비며 풍류와 함께 일생을 보냈는데, 세종은 자신에게 왕위 자리를 양보한 형에 대해 항상 따뜻한 배려를 아끼지 않아 형제의 우의가 지극했다. 시에 능하고 글씨를 잘 써, 서울 숭례문의 현판이 그의 필적이라고 전한다.

훈민정음

훈민정음은 '백성을 가르치는 바른 소리'라는 뜻이다. 글자로서 훈민정음이 완성된 것은 1443년(세종 25년)이며, 이것이 제정되자 그 창제 목적을 실천하기 위하여 궁중에 언문청을 설치

하고, 훈민정음의 해례와 같은 원리를 연구하게 했다. 그 보급책의 일환으로 <용비어천가>를 짓고 운서를 번역하는 등의 과정을 거쳐 공포했다. 이 국자 제정과 해례 편찬은 정인지를 비롯하여 당시 집현전 학사인 최항, 박팽년, 신숙주, 성삼문, 강희안, 이개, 이선로 등의 협조로 이루어졌다. 훈민정음 창제 당시의 문자 체계는 초성 17자, 중성 11자로 모두 28자였으나, 그중 몇 글자가 폐기되어, 오늘날에는 24자만 쓰인다.

간의대

조선 시대에 천체의 위치를 측정하는 동양의 전통적인 천문 기구인 간의를 올려놓기 위하여 설치한 대. 세종 때에 경복궁의 경회루 북쪽에 돌로 쌓아 만들었다. 경복궁 이외의 다른 궁궐에도 간의가 있었고, 특히 조선 초부터 관상감 자리였던 한양 북부 광화방(지금의 계동 일대)에도 작은 간의가 설치되어 있었다. 지금 그 자리에 남아 있는 유적은 간의대였던 것으로 보인다.

봉화대

조선 시대 전국의 봉수는 경흥, 동래, 강계, 의주, 순천의 5개 봉수대 기점으로 하여 서울 목멱산(남산)의 제1봉에서 제5봉의 봉수대로 집결되었는데, 이와 같이 전국에서 올라온 봉수의 정보는 목멱산 봉수대의 오원이 모아 병조에 보고하면 병조에서는 매일 새벽 승정원에 알려 임금에게 보고했다. 현재 남아 있는 봉수대는 지방 기념물로 지정하여 각 도와 시에서 보호하고 있다.

〈봉화대〉

성군 세종대왕

　세종대왕은 형님인 양녕에 대한 보살핌을 한시도 게을리 하지 않았다.

　열흘이 멀다 하고 몸소 찾아보았으며, 각 지방의 특산물이 진상될 때도 우선 양녕부터 챙겼다.

　"형님 생각이 나서 가져왔습니다. 평양 지방의 명산품이라고 하는데, 저는 술맛도 제대로 모르고 해서……."

　"황공하옵니다."

　양녕은 눈물을 글썽이며 어쩔 줄 몰라 했다. 벌써 귀밑에

흰머리가 보일 정도로 늙은 양녕은 항상 죄스럽고 무거운 마음을 금할 길이 없었다.

"형님, 이제 날씨도 풀렸으니, 평안도 구경이나 다녀오시지 않겠습니까?"

"저도 마침 그런 생각을 하고 있었습니다. 평양의 이름난 술을 앞에 놓으니, 그곳 경치가 눈에 어른거리는군요. 아무래도 술은 그 지방에 가서 마셔야 제맛이 나는 법이지요."

"네? 술을 마실 생각으로 가시겠다면 곤란한데요……."

세종대왕은 짐짓 장난기가 발동해 방금 했던 말을 거두며 고개를 내저었다.

"전하, 무슨 말씀이신지……?"

"형님을 그곳에 가시라 함은 건강을 생각해서입니다. 한데 술 이야기부터 하시니 어떻게 믿고 보내 드리겠습니까?"

"황공하옵니다."

양녕은 더 이상 말을 잇지 못했지만, 평양에 다녀오고 싶은 마음이 간절했다. 그쪽으로는 한 번도 가 보지 못한데다 오랫동안 방 안에만 갇혀 지내서인지 몸이 근질근질하던 터였다.

양녕은 자세를 바로잡으며 간절히 청했다.

"술과 계집을 멀리하여 전하께 근심을 끼치지 않겠으니 허락하여 주십시오."

그러나 세종대왕은 여전히 고개를 흔들며 짓궂게 웃었다.

"형님의 말씀을 도저히 믿을 수가 없습니다. 술과 여자에 관해서라면……."

이 말에 양녕은 슬그머니 화가 났다.

'그동안 방탕한 생활을 좀 했다고 이처럼 나를 못 미더워 하시다니…….'

양녕은 서운한 마음을 달래며 다시 한번 청을 올렸다.

"어찌 감히 어명을 어기겠습니까! 증서라도 써 바칠까요?"

"그러시다면……."

그제야 세종대왕은 못 이기는 척 허락했다.

물론 술과 여자를 멀리하겠다는 증서를 받고 나서도 몇

번씩이나 다짐을 하게 한 후였다.

궁궐로 돌아온 세종대왕은 양녕이 언제 출발하는지 알아오라고 일렀다.

"이제 막 양녕 대군께서 유람길에 오르셨습니다."

"그래? 도승지는 내 말을 들으시오."

세종대왕의 비밀 이야기를 들은 도승지는 너무나 재미있다는 듯 웃음을 감추지 못했다.

"네. 분부대로 곧 어명을 전하겠습니다."

이튿날, 황해도와 평안도의 각 관청에는 이상야릇한 어명이 전달되었다. 누구든지 양녕에게 술을 권하고 기생을 가까이하게 하는 사람은 후한 상을 내리겠다는 것이었다.

어명을 받은 관찰사와 현령들은 양녕이 나타나기만을 손꼽아 기다렸다. 그까짓 술고래에게 술을 권하는 것쯤은 누워서 떡 먹기처럼 쉬운 일이라고 생각했던 것이다.

그러나 차츰 들려오는 소문은 너무나 뜻밖이었다. 어느 고을, 어느 관청 할 것 없이 술과 기생을 권했다가 되레 호통만 들었다는 것이다.

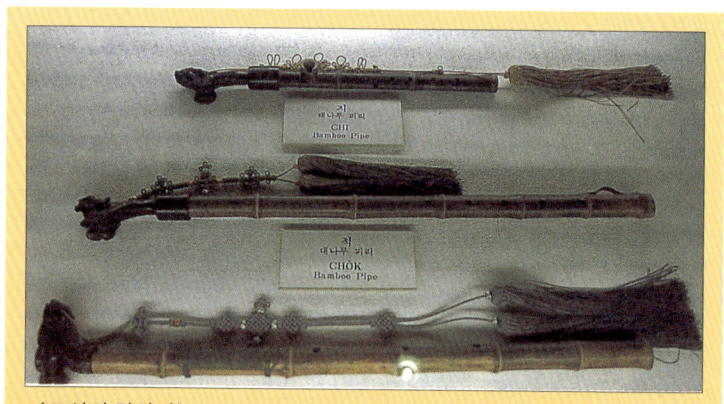

〈조선의 관악기〉
음악에도 조예가 깊었던 세종 대왕 때의 관악기

각 고을의 수령들은 양녕에게 술과 여자를 권할 방법을 찾느라 밤잠도 제대로 못 잘 지경이었다. 어떻게 하면 양녕에게 술을 대접해 상을 받을 수 있을까 하는 생각뿐이었다.

한편, 양녕은 스스로 피하는 술을 어쩌자고 그렇게 권하는지 도무지 이해할 수가 없었다.

"나는 어명으로 술을 끊었소. 누구든 나에게 술을 권하거나 여자를 가까이하게 하는 자는 큰 화를 면치 못할 것이오."

양녕의 이 같은 말은 수령들을 움츠러들게 하기에 충분

했다. 그리하여 양녕은 평양까지 무사히 도착할 수 있었다.

모란봉에서 내려다본 대동강의 경치와 평양성을 둘러싼 산천은 눈부실 만큼 아름다웠다.

"이 아름다운 경치와 더불어 술을 한잔할 수 있다면 더할 나위 없이 좋을 텐데. 무척이나 안타까운 일이로다, 허허."

이때 방문 밖에서 여자의 고운 음성이 들려왔다.

"저녁상을 올릴까요?"

"그래, 가져오너라."

별로 저녁을 들고 싶은 생각은 없었지만, 여자의 고운 음성 때문에 양녕은 선뜻 응했다. 기생은 이내 쟁반에 큼직한 주발을 받쳐 들고 들어왔다.

"우선 먼 길을 오신 피로를 푸시라고 이곳의 유명한 식혜를 가져왔습니다."

양녕은 주발 뚜껑을 열고 냄새를 맡아 보더니 코를 벌름거리며 웃었다. 그것은 그토록 참았던 술, 분명 술이었다. 향긋한 냄새며 노르스름한 빛깔에 밥알이 둥둥 떠 있는 것이 동동주임에 틀림없었다.

"식혜가 빛깔부터 근사하구나!"

양녕은 주발을 받아 들고 단숨에 들이켰다.

뱃속이 짜릿하면서 기분이 여간 유쾌해지는 것이 아니었다. 오랫동안 술을 입에 대지 않은 탓인지 금세 술기운이 올랐다. 생각 같아서는 한 잔 더 마시고 싶었지만 스스로 청할 수 없는 노릇이었다.

그런데 그 기생은 눈치가 빨랐다. 빙그레 미소를 짓더니 은근히 한 잔 더 마시라고 재촉했다.

그리하여 연거푸 다섯 주발이나 마신 양녕은 취하고 말았다. 오랜만에 먹은 데다 평양의 특산물인 그 계당주가 너무나 독했기 때문이었다.

양녕은 자리에 누웠으나 통 잠을 이룰 수가 없었다. 객지에 나오면 으레 마음이 뒤숭숭한 법인데다가 거나한 술기운 탓에 연방 한숨만 잦아질 뿐이었다.

그때였다. 엎치락뒤치락 잠을 못 이루는 양녕의 귀에 어디선가 처량하고 애절한 여자의 울음소리가 들려왔다.

"웬 여자가 저렇게 우는가? 도무지 잠을 이룰 수가 없구나!"

 양녕은 역정을 내듯 밖에 대고 버럭 소리를 질렀다. 그러자 파수꾼이 송구스러운 듯 두 손을 비비며 말했다.

 "소인이 여러 차례 나무랐습니다만, 오늘 밤이 죽은 남편의 제삿날이라 참으려고 해도 설움이 복받친다면서 도무지 듣질 않사옵니다."

 "죽은 남편의 제삿날이라……."

 양녕은 혼잣말처럼 중얼거렸다. 죽은 남편의 제사를 지내며 그토록 슬피 울다니, 참으로 기특하고 대견한 일이라 생각되었다.

 "마침 내가 잠이 안 와 고생이었는데 잘 됐구나! 어서 가서 그 여자를 불러오너라. 그 여인과 더불어 안타까운 마음이나 나누고 싶다."

 "예잇, 분부대로 하겠습니다요."

 이 또한 술기운 때문이었다. 이윽고 파수꾼이 여자를 데리고 오자 그 여자를 보고 양녕은 내심 깜짝 놀랐다.

 '이렇게 뛰어난 미모의 여인일 줄이야…….'

　하얀 옷에 파묻혀 수심에 젖은 듯, 애원을 하는 듯 가련한 눈매로 양녕을 쳐다보는 젊은 과부의 얼굴은 마치 한 떨기 아름다운 연꽃과 같았다.
　'일찍이 내가 술을 좋아하여 많은 기생들을 알고 있지만 아직까지 이런 미인은 본 적이 없거늘…….'

양녕은 가까스로 감정을 억누르며 점잖게 물었다.

"이름이 무엇인가?"

"대 죽, 계집 희를 써서 죽희라고 하옵니다."

'오, 그림처럼 고운 얼굴, 하얗고 가지런한 이, 옥구슬이 구르는 것 같은 목소리······.'

"정녕 선녀 같구나. 아름답도다. 절세의 미인이로다!"

양녕의 입에서 연거푸 감탄의 목소리가 터져 나왔다. 어느새 양녕의 손은 술기운을 핑계 삼아 슬며시 여인의 어깨에 얹혀져 있었다. 이튿날 아침, 잠자리에서 일어난 여인이 눈물을 글썽이며 하소연했다.

"지아비의 제삿날에 몸을 버려 놓으셨으니, 더 이상 어떻게 살아갈 수 있겠습니까? 소인은 차라리 대감 앞에서 목숨을 끊겠습니다."

그제야 양녕도 퍼뜩 정신이 들었다. 여인도 여인이지만, 임금과 한 약속을 어긴 것을 생각하니 눈앞이 아찔했다.

그러나 이미 엎질러진 물, 나중에 삼수 갑산에 갈망정 그 자리에서는 여인을 달래지 않을 수 없었다.

"아니, 무슨 말을 그리 심하게 하는가? 내가 모든 책임을 질 터이니 우선 친정에 가 있도록 하라. 한양에 돌아가는 즉시 널 부르마."

"그 말씀을 어떻게 믿고······."

"내 말을 그렇게도 믿지 못하겠느냐?"

양녕은 안타까웠다. 그 와중에도 눈물이 그렁그렁한 여인을 보며 가엾다기보다는 너무나 곱다는 느낌이 앞섰다. 양녕은 증표로서 여인의 치마폭에 시 한 수를 써 주고는 자신의 신분도 덧붙여 적었다.

"내 마음은 결코 변하지 않을 것이다. 나중에 이것을 증표삼아 나를 찾아올 수 있지 않겠느냐?"

그리하여 그곳에서 며칠을 더 묵은 양녕은 아쉬운 마음

조선의 신분 제도

조선 시대의 신분 제도는 고려 시대부터 이어져 오던 전통적인 사회 기반과 유교적인 이념 위에 이루어졌다. 초기에는 양반, 중인, 상민이 모두 양반에 속해 천민과 두 계층으로 나뉘었으나 16세기에 이르러 양반, 중인, 상민, 천민으로 세분되었다.

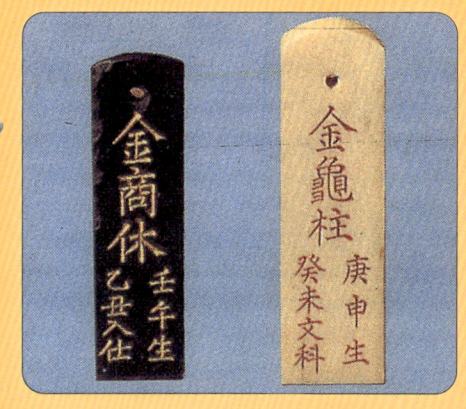

조선 시대 신분을 나타냈던 호패

을 남긴 채 다음 예정지로 떠났다.

양녕은 두 달이 훨씬 지나서야 한양으로 돌아왔다.

"먼 길에 어려움은 없으셨는지요?"

"네, 전하의 염려 덕택에 이렇게 무사히 돌아왔습니다."

"형님께서 이 아우의 청을 들어주신 것에 대해 다시 한번 감사드립니다."

"황공하옵니다."

양녕은 죽희와의 일 때문에 얼굴이 살짝 붉어졌다.

"오랜만에 형님과 실컷 마셔 보고 싶군요. 형님께서도 오늘은 마음껏 드십시오."

참으로 오랜만에 형제는 술상을 사이에 두고 마주 앉았다.

얼마 동안 주거니 받거니 했을까? 마침내 술기운이 거나해진 세종대왕이 밖을 향해 소리쳤다.

"풍악을 울려라!"

곧 가야금이 울리고 거문고 소리가 높아가는 가운데 궁녀들의 춤이 시작되었다.

그 가운데에도 무엇보다 흥을 돋운 것은 한 아리따운 여인의 노랫가락이었다.

형제는 다시 술잔을 기울였다. 그런데 갑자기 양녕이 깜짝 놀란 표정을 지었다.

'아니, 이 목소리는?'

"형님, 무엇하십니까? 한 잔 쭈욱 드시지요."

양녕은 놀란 가슴을 진정시키며 노랫소리에 신경이 쓰여 더욱 귀를 기울였다.

'아니, 대체 어떻게 된 일인가? 어쩐지 귀에 익은 목소리다 싶었는데 저 여자는 평양의 죽희가 아닌가!'

평양에서 만난 그 아름다운 여자가 양녕의 앞에서 노래를 부르고 있었던 것이다. 양녕은 다리가 후들후들 떨렸다.

임금의 명을 어긴 데다 속이기까지 했으니 그 죄가 너무나 컸기 때문이다.

"주, 죽여 주시옵소서!"

가까스로 정신을 차린 양녕은 세종대왕 앞에 무릎을 꿇었다. 새파랗게 질린 얼굴에는 두려움과 미안한 빛이 역력했다.

"형님, 갑자기 왜 이러십니까? 이제 겨우 술맛이 나는 참에 무슨……."

"주, 죽을죄를 지었습니다. 상감께 한 굳은 언약을 저버리고 그만 평양에서 술과 여자를 가까이하고 말았습니다. 더구나 그런 일이 없었던 것처럼 시치미를 떼고 속이기까지 했으니 죽어 마땅하옵니다."

"허허허!"

세종대왕은 호탕하게 웃으며 양녕의 두 팔을 잡아 일으켰다. 그러고는 지난 일들을 모조리 털어놓았다.

"용서하십시오. 모두 제가 시킨 일입니다. 형님을 놀라게 해 드리려고 평안도 감사에게 특별히 명을 내렸지요. 술과 여자를 접하시도록 하면 큰 상을 내리겠다고 말입니다."

"무슨 말씀이신지……."

"형님, 이 밤이 새도록 술이나 드십시다."

양녕은 그제야 임금의 짓궂은 장난을 깨달았다. 죽희 역시 과부가 아닌 명기로, 감사의 명을 받아 과부 행세를 했다는 사실도 알게 되었다.

"허허, 상감께서도 참……!"

양녕의 입에서는 자기도 모르게 폭소가 터져 나왔다. 꼼꼼하고 자상한, 그러면서도 너그럽고 호탕한 임금의 성품에 거듭 감탄하고 만 것이다.

세종대왕은 처음부터 끝까지 백성들 편에 서서 나라를 다스렸다. 백성들의 생활에 깊은 관심을 갖고, 가난을 헤쳐 나가게 하려고 온갖 노력을 기울였다.

"백성들 중에 어찌 곤궁한 자가 없겠는가! 과인이 궁중에서 자란 까닭에 그 어려움을 자세히 알지 못하는 것이지……."

세종대왕은 가난한 백성들을 구제할 방법을 연구했고, 그 결실이 맺어지면 지체없이 실천에 옮겼다.

해마다 춘궁기에 나라의 쌀을 빌려주고 추수가 끝나면 받아들이는 환곡법을 철저히 시행하여 백성들의 살림을 윤택하게 한 것도 그 가운데 하나였다.

세종대왕은 늘 백성들의 살림살이와 올바른 정치를 생각하고 세금에 관한 법도 개정했다. 또한 감옥의 운영 방법을 고치고 재판 제도를 개선하여 억울한 일을 당하는 백성들이 없도록 했다.

당시에는 세금을 돈으로 내는 것이 아니라, 땅에서 거두어들인 곡식 가운데 일부를 나라에 바쳤다. 이 세법은 예부터 내려오던 것이었는데, 고려 말엽에 이르러 정치가 어지러워지자 덩달아 문란해져서 부패가 극심했다.

세종대왕은 그러한 문제점을 여러 가지로 연구하고 조사해서 대신들과 의논한 끝에 새로운 법을 만들게 했다.

우선 비가 적당히 내리고 기후가 알맞은 지방과 그런 조건이 나쁜 지방을 구분하여 세금에 차이를 두었다. 그래서 경상도 전라도 충청도 땅을 상등지, 경기도 황해도 강원도는 중등지, 나머지 북부 지방은 하등지로 나누었다.

그 등급에 따라 세금을 달리 받도록 했으며, 얼마 뒤에는 풍년과 흉년까지 구분하여 거두어들였다. 그렇게 농촌의 실정을 참작하여 세금을 거둔 임금은 세종대왕뿐이었다.

게다가 세종대왕은 그와 같은 이상적인 법을 연구한 뒤에도 현실성이 있는가를 알아보기 위해 우선 남도 지방부터 사람을 보내어 실정을 파악하도록 하는 치밀함을 잊지 않았다.

"상감마마의 명을 받들어 철저히 조사하자."

세종 25년, 새로운 세법을 실시하기 전에 연구와 조사를 담당하는 '전제 상정소'를 설치한 것은 세종대왕의 신중함을 보여 주는 대표적인 사례라 할 수 있다.

"전제 상정소가 제 구실을 해야 할 텐데……."

세종대왕은 새로운 세법을 실시하기 위해 무엇보다 전품등제를 정하는 것이 중요하다고 생각했다.

곧 믿을 만한 신하들을 남부 지방에 보내 전품등제 사업을 담당하게 했음은 물론이다.

"토지의 측량과 전품등제를 시범적으로 실시해 효과적인 방법을 알아내도록 하시오."

또한 세종대왕은 백성들이 억울한 처벌을 받지 않도록 청옥법을 개정했다. 청옥법이란 죄상을 밝혀 벌을 주되, 억울한 일이 없도록 하자는 뜻에서 생겨난 법이었다.

"죄인을 판결하는 데 잡념을 가지거나 어느 쪽으로 기울

어져 공평하지 못한 처신을 해서는 안 되오. 사형수는 가능한 한 살리는 쪽으로 생각을 기울여야 하며, 죄를 지은 자는 어떻게 그 죄를 감해 줄 수 있겠는가를 연구해야 하오."

세종대왕은 형조 판서에게 직접 주의를 준 적도 있었다.

"옥이란 죄인을 징벌하기 위해서 만든 것이지, 죄 없는 사람에게 고통을 주기 위해서 만든 것이 절대 아니오."

세종대왕의 세심한 마음은 오늘날의 삼심 제도와 비슷한 삼복법에도 잘 나타나 있다. 5백 년 전인 그 옛날에 삼심 제도와 같은 법을 채택했으니, 그의 넓은 도량과 앞날을 내다보는 슬기로움에 감탄하지 않을 수 없다.

얼마 후, 한양에 큰불이 나 관청과 인가가 2,170호나 불타고 많은 백성들이 다치는 참사가 벌어졌다.

그로 말미암아 장안은 온통 수라장이 되었고, 불을 지른 범인을 잡기 위해 모두 눈코 뜰 새가 없었다.

세종대왕도 신하들을 모아 놓고 방화와 방범에 대해 깊이 토의했다.

그리하여 마침내 몇 가지 결론이 내려졌다. 다닥다닥 붙

어 있는 집들 사이에 방화벽을 쌓게 하고 도로를 넓히는 한편, 각 관청에서 방화용 우물을 파게 했다. 그리고 종묘와 대궐 등 중요한 기관에는 반드시 소방 기구를 마련해 두도록 일렀다.

또한 지금의 소방서와 같은 '금화도감'을 두어 방화 사무를 맡게 했으며, 화재가 있을 때는 종을 쳐서 알렸다. 물론 오늘날의 시설에 비하면 형편없는 것이었지만, 그 방법이나 열정은 현대적이라고 할 만큼 세밀했다.

벼슬의 등급인 품계와 오늘날의 월급에 해당하는 봉록 제도를 정한 것도 세종대왕이었다.

이렇게 모든 제도가 서서히 자리잡아 가는 동안 나라의 위세는 날로 커졌다.

역사 속으로

모란봉

　예로부터 이름난 명승지로 본래 금수산이라고 불렀다. 그런데 산의 생김새가 마치 모란꽃처럼 생겨 모란봉이라 부르게 되었고 부근은 그대로 금수산이라 한다. 가장 높은 최승대를 중심으로 북쪽, 남쪽, 서쪽으로 뻗은 능선을 따라 여러 개의 봉우리가 잇달아 솟아 있으며, 그 사이에 경상골, 흥부골 등 깊지 않은 골짜기가 있다. 북쪽에는 용남산, 남쪽에는 만수대 등 낮은 구릉들이 있으며 동쪽 사면에는 깎아지른 절벽을 이룬 청류벽이 있다. 그 아래로는 대동강이 흐르며 능라도가 남북 방향으로 길게 놓여 있다.

대동강변에 있는 모란봉 일대

계당주

　육계(계피)와 당귀를 합해서 담근 술로 평양 특산물이다. 육계의 겉껍질을 갉아 내 깨끗이 손질하고 당귀는 건조해 깨끗이 손질한다. 두 가지 재료를 적당히 썰어 같은 양으로 항아리에 담아 소주를 재료의 2~3배 정도 붓고 밀봉하여 지하실이나 냉암소에 보존하는데, 숙성 기간은 6개월 정도 걸린다.

　발한과 두통, 몸살감기에 아주 효과적이며 피로 해소에 좋고 소화 촉진과 위장 질환 등에 좋은 약주로 여겨진다. 또한 간장과 신장 기능을 강화시키며 여성은 생리 분비를 촉진시키고 몸에서 나는 악취를 제거해 준다고 한다. 단 임산부는 낙태의 위험이 있기 때문에 이 술을 먹지 않는 것이 좋다. 어혈, 타박 등 혈액 순환을 도와주어 정신이 맑아지고 피로 해소에 아주 좋으며 과로에서 오는 모든 질환을 풀어 준다고도 한다.

환곡법

　흉년이나 춘궁기에 백성들에게 곡식을 빌려주고 추수기에 이를 돌려받던 진휼 제도를 뜻한다. 근대 사회 이전의 농민들은 대

부분 빈곤층으로 날씨 변화에 따라 곡식 생산량이 크게 차이가 났다. 따라서 흉년이 들 경우 당장 생계가 곤란한 것은 물론, 종자마저 떨어지는 경우가 허다했다. 따라서 나라에서는 무리 없이 농업 재생산을 이루고, 정상적인 조세를 거둬들이기 위해 흉년에 대비, 곡물을 비축해 두어야 했다. 여기에는 전쟁 등의 비상사태에 대비한 군량미도 포함된다. 이것이 제도로서 확립된 때는 조선 시대이다.

  1392년(태조 1년)에는 의창을 두어 연 1~2퍼센트의 이식을 징수했고, 1451년(문종 1년)에는 의창의 보조 기구로 각 촌락에 사창을 두어 의창에서는 10말에 2되의 이식을, 사창에서는 15말에 3말의 이식을 각각 받았고, 1458년(세조 4년)에는 흉년에 대비하여 임시 기구로 상평창을 두었다. 1626년(인조 4년)에는 상평창을 진휼청과 합쳐 평시에는 상평창으로 물가를 조절하고 흉년에는 진휼청으로 곡식의 대여를 담당했다.

대마도 정벌

 세종이 왕위에 오를 무렵, 왜구는 생활필수품을 해외에서 구할 수밖에 없었기 때문에 우리나라와 중국 해안 지방에 자주 나타나 약탈을 일삼았다. 그 때문에 백성들은 늘 공포에 떨었다.
 고려 말부터 왜구에 시달린 조정에서는 달래 보기도 하고, 무력으로 물리쳐 보기도 했다.
 하지만 완전히 소탕한 적은 한 번도 없었다.
 그러다가 1419년(세종 1년)에 왜구들이 중국 해안을 침공하려고 대규모로 출동했다.

　이 소식을 듣고 상왕의 자리에 있으면서 군정만을 맡고 있던 태종은 세종대왕과 여러 신하들을 불러 의논했다. 그리하여 마침내 왜구의 소굴인 대마도를 정벌할 계획을 세웠다.

　세종대왕은 이종무 장군을 불러 명령했다.

　"장군, 유정현과 최윤덕 두 장수와 함께 병선 2백 척 및 군사 1만 7천여 명을 거느리고 대마도를 공격하여 왜구의 소굴을 완전히 쳐부수기 바라오."

　얼마 후, 이종무 장군은 대마도에 상륙하여 왜구의 배 120여 척을 빼앗고 그들의 촌락을 불태웠다. 또한 명나라 사람도 131명이나 구해 냈다.

　그러나 왜구들이 생쥐같이 피해 달아나 버리자 이를 뒤쫓던 아군은 도리어 역습을 받기도 했다.

　"7월에는 폭풍이 많으니 해상에 오래 머물지 마시오."

　세종대왕으로부터 이런 명령을 받은 이종무는 왜구를 완전히 소탕하지 못한 채 어쩔 수 없이 배를 돌려 7월 1일 거

〈대마도 또는 대마도〉
한국과 일본 사이에 있는 섬으로 부산과 가까우나 나가사키현에 속한다.

제도로 돌아오고 말았다.

그 뒤에 다시 대마도를 정벌하자는 의견이 있었다. 그러나 세종대왕은 행여 백성들과 군사들이 다칠까 봐 허락하지 않았다.

그 대신 은근히 압박하는 방법을 썼기 때문에 무력이 아니더라도 왜구들은 큰 타격을 받게 되었다.

대마도는 산과 바위가 많아 농사를 지을 수가 없었다. 그래서 항상 식량이 부족하여 우리나라에서 농산물을 얻어 가지 않고는 살아갈 수 없었다.

그래서 그들은 고려 말부터 우리나라에 여러 가지 물품을 바치고 곡식을 받아 갔던 것이다.

하지만 세종대왕의 강경한 정책으로 이 관계가 끊어져 곧 굶어 죽을 지경에 이르자, 대마도의 수장 소 사다모리는 여러 차례에 걸쳐 우리나라에 사신을 보내 사죄의 뜻을 밝히고 간곡히 교역을 요청했다.

그 후 1422년에 상왕 태종이 세상을 떠나고 나서 세종대왕은 여러 대신들과 의논했다.

"짐의 생각은 왜구를 달래어 회유책을 썼으면 하는데, 경들의 의견은 어떻소? 마음을 터놓고 말씀해 주시오."

결국 여러 신하들이 회유책을 쓰는 데 찬성하자, 세종대왕은 다시 왜인들의 왕래를 허락했다.

태종 때부터 동래의 부산포와 웅천의 내이포를 지정하여 왜인들에게 무역을 허락했는데, 이 무렵부터는 그 장소에 왜관을 두어 접대 장소로까지 이용하도록 해 준 것이다.

그러다가 1426년에 이른바 삼포를 개항하게 되었다.

개항은 했지만 삼포에는 왜인의 왕래만 허락했으며 그들

도 무역과 어업이 끝나면 곧 대마도로 돌아가야 한다는 조건을 내세웠다.

그러다가 왜인들의 수가 점점 많아지고 세력이 강해지자 조정에서는 다음과 같이 선포했다.

"왜인들이 이렇게 늘어나다니……. 대마도 수장은 듣거라. 삼포의 왜인들을 데려가고 무역선도 제한하겠으니 그리 알도록 하라."

또한 1년에 진상 무역선은 50척, 조선에서 대마도의 수장에게 내려 주는 쌀과 콩은 1백 석으로 한정시켰는데, 이것이 바로 '계해약조'였다.

또한 왜인들이 삼포에서 무역을 할 경우에 조선 관리들로 하여금 엄한 감시와 통제를 하도록 해 자기들 마음대로 물품을 사고팔 수 없게 했다.

한 마디로 계해약조는 왜구를 달래기 위한 회유책이었다. 그래서 그 뒤 중종 때 삼포에서 왜란이 일어나기까지 70여 년 동안 그들과 평화를 유지할 수 있었다.

그 당시 일본 본토는 아시카가 막부 시대였는데, 가끔 우

리나라에 사신을 보내 와 아첨하기를 잊지 않았다.

　세종대왕은 이웃 나라와 평화롭게 지내기를 바랐다.

　문화가 뒤떨어진 나라 사람들을 잘 대접하고 깨우쳐 주는 것이 우리나라가 해야 할 도리라고 생각했던 것이다.

　세종대왕은 간사하고 사나운 일본을 잘 구슬렸다. 때로는 공격하고, 때로는 달래는 두 가지 외교 정책을 써서 나라의 안정을 다져 나갔다.

　이 무렵, 북쪽 역시 여진족 때문에 성가신 일이 많이 일어났다. 여진족은 압록강과 두만강을 건너 만주 쪽에 근거지를 둔 민족으로, 조선과 중국으로부터 식량을 비롯한 필수품을 수입하지 않고는 살아가기 힘든 환경의 나라였다.

　하지만 그들은 종종 일용품을 구하지 못할 때가 있었다. 그럴 때면 으레 변경을 노략질했기 때문에 고려 때부터 우리나라의 큰 두통거리였다.

　여진족은 말을 즐겨 타고 성질도 사나웠다. 그래서 그들을 막아 내는 것은 여간 힘든 일이 아니었다.

　그런데도 일찍이 함경도에서 태어나고 자라 여진족과 접

〈두만강〉
백두산에서 발원해 북한과 중국의 국경 지대를 흐른다.

촉이 많았던 태조는, 조선을 세운 뒤 그들을 잘 다루어 우리의 영토를 두만강 하류에까지 이르게 했다.

그러나 제3대 임금인 태종 때에 와서 그들의 끊임없는 침략에 다시 밀려나고 말았다. 태조가 두만강 근처에 설치한 경원부를 부득이 후퇴해야 했던 것이다. 그래서 북쪽 땅은 여진족에게 맡기는 형편이 되었다.

1422년(세종 4년), 또다시 여진족이 침입해 왔다. 그러자 대신들 중에는 좀 더 남쪽으로 후퇴하자는 사람들이 있었다.

"조상님들이 물려 주신 강산을 한 뼘도 잃을 수 없다!"

그러나 세종대왕은 그 자리에서 이렇게 잘라 말하고 도리어 북진 정책을 더욱 강력하게 추진해 나갔다.

강력한 북진 정책에는 새로운 위력을 가진 화기가 큰 뒷받침이 되어 주었다.

세종대왕은 고려 말에 최무선*이 개발한 화약과 병기 제조 기술을 널리 보급시켰다. 여진족을 방어하는 데 그 이상 가는 무기는 없었기 때문이다.

1433년(세종 15년), 여진족은 저희들끼리 큰 싸움을 벌였다.

회령 방면에 살고 있는 우디거 족이 느닷없이 오도리 족을 습격한 사건이 일어났다.

최무선

고려 말 조선 초의 무신. 무기 발명가이다. 화약 제조의 필요성을 절감하고 원나라 이원에게서 그 제조법을 배웠다. 1377년(우왕 3년) 그의 건의로 설치된 화통도감에서 화약을 만들고 대장군·화포·화통 등의 화기를 제조하는 한편, 이를 실을 전함 건조에도 힘썼다.

최무선의 영정

세종대왕은 그 기회를 이용하여 김종서를 함경도 도절제사로 임명해 북진 정책을 펼쳤다.

그리하여 이듬해인 세종 16년부터 6진을 설치해, 그 이남은 모두 조선 영토가 되었던 것이다.

그러나 세종대왕 때에 와서는 여진족의 커다란 세력이 압록강 건너편으로 이주해 왔기 때문에 침략이 매우 심해져 백성들이 곤경에 빠지게 되었다.

게다가 그동안 여진족에 강력한 정책을 취하던 명나라의 태도도 차츰 누그러졌다.

그런데 여진족 사회에는 중국인 포로가 상당히 많이 있었다. 그 포로들은 조선 국경에 접근할 기회가 있을 때마다 도망쳐 왔다.

조선은 그 무렵 명나라와 중국인 포로는 무조건 송환한다는 약정을 맺고 있었으므로 그들을 다시 돌려보내야 했다.

그 때문에 여진족 사회의 기초가 흔들렸다. 그러자 불만을 품은 여진족 수장 이만주는 1433년에 기병 4백여 명을 거느리고 조선에 침입해 왔다.

세종대왕은 김종서를 두만강에 보내는 동시에, 최윤덕을 평안도 도절제사로, 김효성을 도진무로 삼아 병사 1만 5천 명을 거느리고 이를 정벌하도록 했다.

그러나 사나운 여진족의 침입은 거기서 그치지 않았다.

그리하여 세종대왕은 다시 이천을 도절제사로 삼아 군사 8천 명을 거느리고 여진족을 정벌케 했다. 기대대로 이천은 적의 소굴까지 불태우고 돌아왔다.

그 후 1440년(세종 22년)에는 두만강과 압록강까지 완전히 진출하게 되었다.

오늘날 두만강과 압록강을 경계로 하는 우리나라의 국경선도 여기서 비롯된 것이다.

세종대왕은 언제나 백성과 더불어 웃고, 백성과 더불어 슬퍼한 인자한 임금이었다.

그는 학문을 비롯한 여러 방면에 많은 업적을 남겼다.

그러나 그중에서도 우리 민족 문화의 발전을 위해 자손만대에 영원히 빛날 가장 독창적인 일은 바로 우리의 글인 훈민정음을 만든 업적이라 하겠다.

훈민정음이 만들어지기 전까지 우리 민족에게는 고유한 글자가 없었다.

중국에서 들여온 한자를 쓰거나, 그렇지 않으면 신라 시대에 설총*이 만든 '이두'라는 글자를 썼다.

그런데 한자는 너무나 어려운 글자였다. 하나의 낱말이 하나의 문자로 되어 있어 사람이 생각하는 바를 나타내기 위해서는 몇천, 몇만 자나 되는 것을 다 알지 않으면 안 되었다.

이두도 거의 한자와 다를 바 없었다. 한자의 음과 훈을 빌려서 우리말을 표기하는 방법이기 때문에 이것 역시 불편하기 짝이 없었다.

우리나라의 문화는 삼국 시대에 이미 상당한 수준에 도

설총

신라 경덕왕 때의 학자.
자는 총지, 시호는 홍유후이다. 원효대사의 아들로, 어머니는 요석궁 공주이다.
신라 십현의 한 사람이며, 이두를 정리하고 집대성했다.

이두를 정리한 설총

달해 있었다. 그 문화를 이어받아 고려 왕조에서 조선 왕조로 발전해 왔지만, 고유한 문자가 없는 탓에 한문 공부를 한 사람이 아니면 문화의 혜택을 누리지 못했다.

더욱이 문화를 발전시키는 일은 꿈도 꿀 수 없었다.

'문화 민족은 모두 자기 나라말을 기록하는 독특한 문자를 가지고 있다. 그런데 우리나라는 한자를 사용하므로 말과 문자가 서로 달라 쓰는 말을 쉽게 적을 수가 없으니 얼마나 안타까운 일인가!'

세종대왕은 너무나 마음이 아팠다.

'그렇다면, 우리 민족만의 문자를 만들어야겠구나. 아울러 새로 만든 글자의 형식은 중국의 한자와 같이 물건의 모양을 본뜬 상형 문자가 아니라, 소리가 나는 대로 적을 수 있는 표음 문자로 만들자.'

그리하여 명나라에서, <홍무정운>이라는 음성학 서적을 구하여 공부하던 세종대왕은 집현전 학자들과 같이 연구에 몰두했다.

"경들은 들으시오. 많은 나라가 고유한 문자를 가지고 있

는데 우리나라만 글자가 없다는 것은 부끄럽고 창피한 일이 아닐 수 없소. 그러니 오늘부터 경들은 전력을 다해 자손들에게 길이 물려줄 우리 글자를 만들도록 하시오."

그러자 몇몇 학자들이 수군거리는 가운데 부제학 최만리가 앞으로 나섰다.

"전하, 그것은 부당하신 분부입니다. 우리나라는 예로부터 중국을 섬기고 받드는 나라이며 글자 역시 세계에서 으뜸 가는 한자를 쓰고 있으니 이 역시 자랑스러운 일이라고 생각합니다."

이 말을 들은 세종대왕은 벌컥 역정을 냈다.

"뭐라고요? 그래, 내 나라에 글자가 없어 남의 것을 빌려 쓰는 처지가 떳떳하고 자랑스럽단 말씀이오?"

최만리는 순간 당황해하며 입을 다물었다. 그 자리에 있던 다른 집현전 학사들은 세종대왕의 결심이 얼마나 굳은지 짐작할 수 있었다.

세종대왕은 집현전 학사인 정인지, 성삼문, 신숙주, 최한, 박팽년, 이개, 이선로 등에게 우리의 새 글자를 만드는 데

온 힘을 기울이라고 당부했다.

  그리고 자주 집현전을 드나들며 학사들의 연구 과정을 살펴보았다.

  그런데 정인지와 성삼문 등 몇 사람을 제외하고는 별로 의욕을 보이지 않는 듯 보였다.

  "경들은 왜 그리 생각이 좁단 말이오! 상감의 명령이니 어쩔 수 없이 한다는 그런 태도로 대체 무슨 글자를 만들겠소? 집현전은 이 나라의 수재들이 모인 곳 아닙니까!"

  그러자 신숙주가 부끄러운 낯빛으로 말했다.

  "황공하옵니다. 앞으로는 힘껏 글자를 연구하여 성은에 보답하겠습니다."

  그 뒤부터 집현전은 정음 연구에 열을 올리기 시작했다. 반대파 몇 사람의 옹고집을 물리치고 서로의 의견을 교환하여 보다 좋은 우리글을 만드는 일에 온 힘을 기울였던 것이다.

  세종대왕 역시 집현전 학사들 못지않게 열심히 연구에 몰두한 나머지 눈병까지 날 지경이었다.

그러던 어느 날, 세종대왕은 성삼문*과 신숙주를 비롯해 최한, 박팽년, 이개 등을 불렀다.

"우리 글은 우선 까다로운 뜻글자가 아닌 소리글자여야 하오. 물건의 모양을 본뜬 한자가 아니라 소리 나는 대로 적을 수 있는 글자여야 한다는 말이오. 그리하여 배우기 쉽고 쓰기에도 편리하며 이치에 들어맞아야 할 것이오. 경들은 짐의 말을 참고로 하여 더욱 글자 연구에 힘쓰도록 하시오."

그러나 새로운 글자를 만드는 일은 쉽지 않았다.

"아무리 머리를 짜내도 어디서부터 어떻게 만들어야 할지 막막하군."

"후유, 나오는 것은 한숨뿐이로다."

성삼문(1418~1456)

조선 세종 때의 문신. 자는 근보, 호는 매죽헌이다. 집현전 학사로 세종을 도와 <훈민정음>을 창제했다. 사육신의 한 사람으로, 세조 원년에 단종의 복위를 꾀하다가 실패하여 처형되었다. 저서에 <성근보집>이 있다.

훈민정음을 연구하는 집현전 학자들

그때, 성삼문이 앞으로 나서며 말했다.

"전하, 만주에 명나라 한림학사 황찬이 귀양 와 있다 하옵니다. 그는 본디 음운과 음성에 지혜가 뛰어난 사람이니, 의문나는 것을 물어보고 오는 것이 좋을 듯하옵니다."

〈성삼문의 묘〉
세종대왕을 도와 집현전에서 한글 창제에 정성을 다했던 사육신 중 한 사람.

"오, 황찬이라면 짐도 들은 기억이 있소. 경이 하루빨리 다녀오도록 하시오. 경이라면 짐도 믿고 보낼 수 있소."

세종대왕은 너무나 반가운 소식에 서둘러 성삼문을 만주로 보냈다.

그 후에도 성삼문은 만주를 자그마치 열세 번이나 다녀와야 했다. 의문이 생기면 보내고, 새로운 것을 찾아 내면 그것이 이치에 맞는지 묻기 위해서였다.

그 무렵, 세종대왕의 건강이 갈수록 나빠졌다. 원래 건강한 편이 아닌 데다 왕위에 오른 후 줄곧 백성들의 고통을

덜어 주는 방법에 골몰하고 잦은 국경 분쟁과 문화 사업 등에 신경을 쓴 탓이었다.

　세종대왕은 어느 한순간도 자기 몸을 돌볼 틈이 없었다. 더욱이 정음 연구에 손을 대고부터는 눈병까지 생겨 못 견딜 지경이 되었다.

훈민정음

443년(세종 25년) 12월, 비로소 우리 민족의 소망이 이루어졌다.

"이 글은 나라 전체, 백성 전체의 글이오. 그러므로 이름을 훈민정음이라 해야겠소. 이것은 '백성을 가르치는 바른 글'이란 뜻이니, 장차 만백성의 글이 될 것이오."

갖은 고생과 노력 끝에 이루어진 훈민정음은 자음이 열일곱, 모음이 열하나로 모두 스물여덟 자였다.

그러나 세종대왕의 노력은 거기서 끝나지 않았다. 실용

성이 있는 글인가를 알아보기 위해 훈민정음으로 글을 짓게 했다. 그것이 바로 지금까지 전해지는 <용비어천가>이다.

"우리나라의 말이 중국과 달라 서로 의사소통을 할 수가 없다. 그리하여 가엾은 백성들이 하고 싶은 말, 쓰고 싶은 글이 있어도 제 뜻을 능히 펴지 못한다. 내가 이 점을 가엾게 여겨 새로 스물여덟 글자를 만들었으니, 사람마다 쉽게 배워 매일매일의 생활에 도움이 되기 바란다."

1446년(세종 28년) 10월 9일, 훈민정음이 마침내 세상에 반포되었다.

이렇게 만들어진 한글은 그 기능이 세계의 여러 글자들 중에서도 탁월하여 전 세계 언어학자들 사이에서도 널리 인정받고 있다.

한글의 특징 가운데 두드러진 것을 살펴보면 다음과 같다.

첫째는 문자 모양이 세계 어느 나라의 것도 모방하지 않고 만들어 독창적이다.

둘째, 우리말의 소리를 정확하게 표기할 수 있는 소리글자이다.

셋째, 자모의 수가 스물여덟 개에 지나지 않으며 그 획이 매우 단순하여 익히기가 쉽다.

이처럼 훈민정음은 여러 면에서 훌륭했지만, 여전히 반대하는 사람들이 있었다.

훈민정음이 창제된 다음 해인 1444년 2월 20일, 집현전 부제학 최만리와 그 밖의 몇 사람이 훈민정음을 상세히 분석하며 반대하고 나섰다.

그 가운데 가장 큰 반대 이유는 한문으로 된 '성현들의 문자'를 도외시하게 되면 안 된다는 것이었다.

그들은 훈민정음을 언문이라 이르며, 그 제작은 신묘하기 그지없고 더없이 뛰어난 생각에서 나왔지만, 의심나는 점이 많다고 주장했다.

우리나라는 일찍이 중국과 같은 글자를 써 왔기 때문에 그러한 관례를 바꾼다는 것은 도리에 어긋난다고도 말했다.

그리고 예로부터 지방마다 풍습은 달라도 방언에 따라 글자가 따로 있지는 않다고 했다. 다만 몽고, 서하, 여진, 일본, 서번의 무리들이 각각 자신들의 글자를 가져 오히려 오랑캐 노릇만을 일삼아 왔을 뿐이라는 것이다.

이것은 한 마디로 중국을 섬겨 온 뿌리 깊은 사대주의에서 비롯된 생각이었다.

세종대왕은 그들을 꾸짖었다.

그러고는 끈질긴 반대에도 불구하고 궁중에다 언문청과 정음청을 두어 계속 연구하도록 하는 한편, 여러 책들의 한글 번역 사업에도 손을 댔다.

이것은 세종대왕이 훈민정음을 창제했을 때의 마음과 조금도 변함이 없음을 뜻하는 것이었다.

"우리말과 한자가 전혀 달라서 공부를 한 사람들조차 자기의 뜻을 제대로 표현하기가 어렵소. 과거 신라의 설총 이래로 관청이나 백성들 사이에서는 이두를 쓰고 있으나, 그 역시 남의 글을 빌려서 쓰는 것이기 때문에 표현이 거칠고 때로는 의사소통마저 제대로 되지 않는 형편이오. 특히 사람의 생사를 가름하는 중대한 일의 경우에는 우리글로써 그 뜻을 표현하고 기록할 수 있어야 하는데 말이오."

세종대왕이 끝내 훈민정음을 포기하지 않은 것은 한문을 모르는 일반 백성들이 손해를 봐서는 안 된다고 생각했기 때문이다. 이것은 곧 백성들을 아끼고 사랑하는 세종대왕의 마음이었다.

이러한 정신으로 만들어진 한글은 아주 간결하면서도 중요한 요소를 다 갖추고 있었다.

"총명한 사람은 한나절이면 충분하고, 둔한 사람도 열흘이면 제대로 배울 수 있다."

정인지는 훈민정음에 설명되어 있는 내용만 보면 누구든지 배우지 않아도 깨달을 것이라고 말했다.

세종대왕은 그 뒤로도 연구를 중단하지 않았다.

정음청에 여러 가지 책을 간행하도록 명하여 한글의 실용화에 많은 발전을 가져왔다.

그러나 세종대왕에게도 불행이 닥쳐왔다. 사랑하는 왕비 소헌 왕후가 세상을 떠난 것이다.

세종대왕의 슬픔은 이만저만이 아니었다. 평생을 책과 벗하고 백성들과 가까이하며 과학 연구에 몰두하다 보니,

왕비와 따뜻한 말 한마디 주고받을 여유가 없었다.

특히나 왕비가 몸져 누웠을 때에도 훈민정음의 마지막 손질에 바빠 잠시 돌아볼 틈도 없었다.

세종대왕은 둘째 아들 수양 대군에게 석가모니의 일대기를 쓰라고 일렀다.

"훈민정음도 갈고 닦으며 사랑하는 왕비의 명복도 빌기 위해서니라."

"아바마마, 그럼 부족하나마 제가 한 번 써 보겠습니다."

소년 시절부터 불교를 좋아한 세종대왕은 형 효령이 머리를 깎고 승려가 된 뒤로 더욱더 불교에 마음을 의지하고 있었다.

그러던 어느 날, 세종대왕은 원각사에서 우연히 양녕 대군을 만났다.

오랜만에 삼 형제는 술상을 앞에 놓고 마주 앉았다. 그리하여 양녕 대군은 술잔을 기울이며 즐거워했다.

"형님은 뭐가 좋아서 항상 그렇게 즐거워하십니까?"

"전하, 소신에게 도대체 무슨 걱정이 있겠습니까? 살아

서는 왕의 형이요, 죽어서는 부처의 형인데 근심할 게 없는 것이 당연하지 않겠습니까?"

이 말에 삼 형제는 큰 소리로 웃음을 터뜨렸다.

얼마 후, 수양 대군은 <석보상절>을 완성했다.

세종대왕은 석가모니의 일대기를 보고 감탄해 즉흥시를 지어 가락을 붙이게 했다.

지금까지도 일부가 전해지는 <월인천강지곡>은 바로 그렇게 만들어졌다.

세종대왕의 몸은 날이 갈수록 나빠지기 시작했다. 원체 건강이 나쁜 데다 왕후가 죽은 후 너무나 애통해한 나머지 건강을 해친 것이다.

세종대왕은 나이가 들면서 점점 몸이 쇠약해지자 불교에 대한 신앙심으로 고통을 극복하려고 했다.

당시 조선은 나라를 세울 때부터 불교를 멀리하고 유교를 숭상했다.

그러나 세종대왕은 어느 한 쪽으로 치우치지 않고 중도를 지키면서 불교에 호감을 가졌다.

그러자 중신들이 계속 반대하고 나섰다.
 하지만 세종대왕의 불교에 대한 깊은 신앙심은 그 누구도 막을 수가 없었다.
 세종대왕의 할아버지인 태조도 비록 유교를 내세웠지만 개인적으로는 불교 신자였다.
 아버지 태종 또한 늙어서는 불교 신자가 되었다. 그리고 효령이 승려가 된 것을 보아도 알 수 있듯이, 세종대왕과 가까운 사람들은 모두 불교 신자들이었다.
 그리하여 그 역시 자연스럽게 불경을 많이 읽어 불교에 깊은 관심을 가지고 있었다.
 "유교는 윤리, 도덕, 질서의 확립을 목적으로 하는 학문이라고 생각하오. 그래서 유교는 백성을 다스리는 데에는 필요하지만, 그것을 통해 삶과 죽음의 도리를 깨닫기는 어렵다고 생각하오."
 세종대왕은 이렇게 스스로 불교도임을 고백하기도 했다.
 그러나 유교를 숭상하는 신하들의 반대는 끊이지 않았다.
 "불교를 믿어서는 아니 되옵니다. 상감마마와 어버이에

대한 공경도 잘 하지 않을뿐더러 세상을 어지럽힐 따름입니다."

그럼에도 불구하고 세종대왕은 소헌 왕후가 세상을 떠나고 2년 후인 1448년 7월, 궁궐의 서북쪽 빈터에 불당을 지으라고 명령했다.

그러자 유교에 조예가 깊은 신하들은 깜짝 놀란 표정을 지으며 한사코 말렸다.

"유교가 근본 바탕인 나라에서 궁궐 안에 절을 짓는다는 것은 있을 수 없는 일이옵니다."

매일같이 전국에서 상소가 날아들었다.

"내가 불당을 지으려는 것은 오직 조상님들의 명복을 빌기 위해서일 뿐이오."

세종대왕은 조상들과 소헌 왕후의 명복을 빌기 위해 가까운 곳에 절을 짓자는 것이지 다른 뜻은 없음을 명백히 밝혔다.

그래도 중신들은 물러서지 않았다.

하지만 한번 마음먹은 일은 끝까지 밀고 나가는 세종대

왕이었기에 마침내 불당을 완성했다.

곧 닷새 동안에 걸친 성대한 잔치가 열렸고, 곱게 채색한 불당 안에는 붉은 비단을 드리운 가운데 불상을 모셨다.

그런 가운데에도 세종대왕의 몸과 마음은 더욱더 지쳐 갔다. 마침내 1449년(세종 31년) 봄부터 세종대왕은 건강이 더욱 나빠져 자리에서 일어나지 못할 지경이 되었다.

여러 왕자와 신하들, 특히 집현전의 학자들은 안절부절 못하며 몸둘 바를 몰라 했다.

전국에서 용하다는 의원들이 모여 들었다.

"지나친 과로로 심해진 병은 도무지 약효가 나질 않는군."

"상감마마를 우선 대궐 밖으로 모셔야 합니다. 밤이면 헛소리를 하실 정도로 쇠약하시면서도 나랏일을 염려하시니 어찌 병환에 차도가 있겠습니까?"

"으음…… 의원의 말이 맞소."

사실 그때까지도 세종대왕은 병세를 돌보지 않고 백성들과 나라의 앞일에 대한 근심으로 잠 못 이루는 날이 많았다.

신하들은 왕자들과 상의하여 세종대왕을 궁궐 밖으로 모

셨다. 처음에는 종친인 이서의 집으로 갔다가 다시 여덟 번째 왕자인 영응 대군의 집으로 옮겼다.

"아바마마, 이제 나랏일은 잠시나마 잊으시고 여기서 편안히 지내십시오."

그러나 이미 심각한 지경에 이른 병세는 차도를 보이기는커녕 점점 악화하여 갔다.

그리하여 이듬해 2월 17일, 왕자들과 백성들의 안타까움을 뒤로 한 채 세종대왕은 눈을 감고 말았다. 쉰네 살의 아까운 나이에 그토록 마음을 놓지 못했던 나랏일을 다른 사람들의 손에 맡기고 떠난 것이다.

세종대왕의 승하 소식이 전해지자, 백성들은 어버이를 잃은 어린아이처럼 슬피 울었다.

세종대왕의 생애

　1397년 태종의 셋째 아들로 태어난 세종대왕은 태종의 뒤를 이어 조선의 제4대 임금이 되었다.
　세종대왕은 집현전을 두어 학문 연구를 장려하고 측우기 등 많은 발명품을 만들게 하기도 했다. 그리고 그는 특히 지금까지도 널리 사용되고 있는 한글인 '훈민정음'을 창제했는데 이것은 모두 그의 백성을 사랑하는 따뜻한 마음에서 비롯된 것이다. 이렇듯 세종대왕은 우리 역사 속에 길이 빛날 위대한 성군이다.

세종대왕

(世宗 1397~1450)

1397년
태종의 셋째 아들로 태어났다.

1408년
충녕군에 봉해졌다. 1412년에는 충녕 대군이 되었다.

1418년
양녕 대군 대신 세자로 책봉되었고, 태종의 뒤를 이어 조선 제4대 임금으로 즉위했다. 이후 선왕인 태종이 확고하게 구축한 정치 체제를 기반으로 하여 소신 있는 정치를 펴 나갔다.

1420년
유교 정치의 구현을 위해 필요한 인재 양성과 학문 진흥을 목적으로 집현전을 새롭게 단장했다.

1429년
각 도의 관찰사가 경험 많은 농부들에게서 얻은 농업 지식을 모은 <농사직설>을 반포했다. 1432년에는 <8도 지리지>를 편찬하고 관제를 개혁했으며, 충신·효자·열녀의 행실을 그림으로 그린 <삼강행실도>를 편찬했다.

1433년

최윤덕을 북방에 보내 파저강 유역의 야인을 정벌했다. 그리고 1437년에는 김종서에게 명하여 두만강 강변에 6진을 설치하도록 했다. 이로써 1440년 두만강과 압록강까지 완전히 진출해 오늘날의 국경선을 정착시켰다.

1442년

세계 최초로 강우량을 측정하는 기구인 측우기를 만들었다.

1443년

대마도의 도주에게 내왕을 허락한 무역선인 세견선을 50척으로 제한했다. 또한 집현전 학사들의 도움을 얻어 '훈민정음'을 창제했다. 그리고 토지 및 조세 제도의 연구와 개선책 마련을 위해 '전제상정소'라는 관청을 설치했다.

1446년

훈민정음 창제의 취지를 밝힌 서문인 예의와 정인지 등이 지은 해례로 구성된 <훈민정음>을 반포했다. 그리고 1447년에는 신숙주, 성삼문 등에게 <동국정운>을 간행하게 했다. 소헌 왕후 심씨의 명복을 빌기 위해 수양 대군에게 명하여 <석보상절>을 짓게 했다.

1450년

여덟째 왕자인 영응 대군의 집에서 세상을 떠났다. 어버이를 잃은 것처럼 슬퍼하는 백성들을 뒤로한 채, 쉰네 살의 아까운 나이로 영릉에 묻혔다.